明日の「小さな歌人たち」を語る

柳原千明

柳原　千明

子どもが
自分が作った作品に納得しているのなら
それがその子にとって納得の作品なのだ
ということを
子どもの姿から学びました。

柳原　千明（やなぎはら　ちあき）

岩手県花巻市生まれ。昭和五七年　獨協大学外国語学部英語学科卒業。平成九年岩手大学大学院教育学研究科国語科教育学修了。紫波町立日詰小学校　浄法寺町立浄法寺小学校　盛岡市立桜城小学校　花巻市立花巻小学校など県内の公立小学校に勤務。花巻市立桜台小学校勤務を最後に定年退職。現在、花巻市内の公立小学校講師として勤務。日本国語教育学会　全国大学国語教育学会　国際啄木学会　宮沢賢治学会などに所属。第五十三回（二〇二二年度）博報賞功労賞受賞。著書に『小さな歌人たち　――短歌はだれにでも易しい――』（渓水社二〇二一）

甲斐 利恵子

何もしない覚悟
レベルを上げようと思わない覚悟
分かるようにと思わない覚悟
正解はないよという雰囲気をつくる覚悟
子どもたちの言葉に寄り添う覚悟
そういうことを意識して
指導していたような気がします。

甲斐　利恵子（かい　りえこ）
福岡県大牟田市生まれ。筑波大学大学院修士課程教育研究科修了。大村はまに学ぶ単元学習の実践家。東京都内の公立中学校に国語科教員として勤務。港区立赤坂中学校定年退職の後、軽井沢風越学園勤務。日本国語教育学会、東京都青年国語研究会、大村はま記念国語教育の会に所属。光村図書中学校『国語』『書写』編集委員。著書に『中学校国語授業づくりの基礎・基本　学びに向かう学習環境づくり』（東洋館出版 二〇一八）、『子どもの情景』（光村図書出版一九九七）など。

松平 盟子

想像力豊かな子どもたちが
たくさんいるのに
日常の延長だけの作品を
短歌に求めるのは
表現者としての
子どもの成長を止めさせることに
ならないかとも思うのです。

松平　盟子（まつだいら　めいこ）
愛知県岡崎市生まれ。南山大学文学部卒業。歌人。愛知県内の県立高校国語科教員を経て、コスモス短歌会に入会。一九九七年「帆を張る父のやうに」で第二十三回角川短歌賞受賞。一九九〇年『プラチナ・ブルース』で河野愛子賞受賞。歌誌『プチ★モンド』主宰。読売新聞東日本版「よみうり文芸」選者。現代歌人協会　日本文芸家協会会員。国際啄木学会理事。明星研究会所属。一九九八～一九九九年　与謝野晶子のパリ滞在とその文学研究のため在外研究（パリ第七大学）。歌集に『プラチナ・ブルース』『カフェの木椅子が軋むまま』（短歌研究社）『天の砂』（砂子屋書房）『愛の方舟』（角川学芸出版）など。著書に『母の愛　与謝野晶子の童話』（婦人西報社）『親子で楽しむ短歌塾』（明治書院）『真珠時間　短歌とエッセイのマリアージュ』（本阿弥書店　二〇一八）など。

松澤　春香

子どもたちがお互いに
友達が作った短歌から
その子の言いたいことや気持ちを読み取り
そしてそれを分かってくれた
その子は嬉しく思い
そういう子どもたち同士の関係を
短歌を通して作りたいのです。

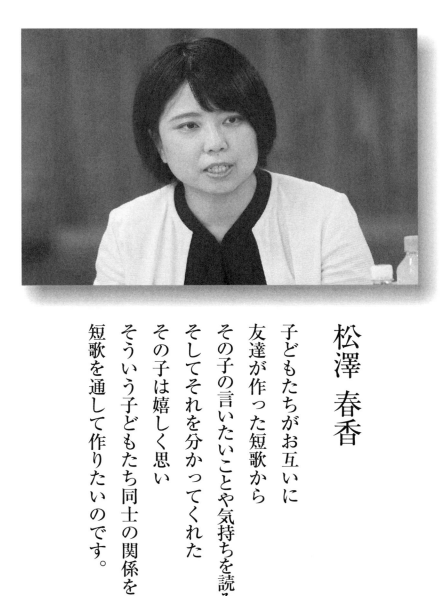

松澤　春香（まつさわ　はるか）

青森県八戸市生まれ。岩手大学教育学部卒業。銀行勤務を経て、岩手県内の公立小学校講師を経験。その後、新採用として花巻市立桜台小学校に勤務。現在、花巻市立花巻小学校に勤務。

望月 善次

授業っていうのは
ものすごくたくさんある可能性のうちの
一つの可能性を選択せざるを得ない。

望月善次（もちづき　よしつぐ）／**筆名**　**三木与志夫**（みき　よしお）

一九四二年　山梨県生まれ。東京教育大学大学院教育学研究科（修士課程）修了。岩手大学教育学部教授（附属中学校校長、学部長）盛岡大学学長　インド・ネルー大学、デリー大学客員教授など歴任。国際啄木学会会長全国大学国語教育学会理事長・会長など歴任。現在　岩手大学名誉教授。著書に『三木与志夫歌集　われらすでに宇宙の中心にあらねど』（沖積社　一九八一）『三木与志夫歌集　評伝岡井隆』（不識書院　一九八四）『分析批評の学び方』（明治図書一九九〇）『論争・市の解釈と授業』（明治図書）『石川啄木短歌・坪内捻典俳句他　教材研究と全授業記録』（明治図書一九九六）『啄木短歌の方法』（ジロー印刷企画一九九七）『石川啄木歌集外短歌評釈Ⅰ』（信山社二〇〇三）『石川啄木短歌の読み方―歌集外短歌評釈一千首とともに―』（信山社二〇〇四）『被災の町の学校再開』（岩手復興書店二〇一五　＊関口厚光共編著）など。

明日の「小さな歌人たち」を語る

〈目　次〉

〈座談会出席者〉
司会　望月　善次　岩手大学名誉教授
甲斐　利恵子　軽井沢風越学園教諭
松平　盟子　歌人
柳原　千明　小学校教諭
松澤　春香　小学校教諭

〈会場〉
花巻市立花巻小学校　銀河ルーム

まえがき

短歌はだれにでも易しい

対談の文字起こしを終えた時、確かに、はっきりしたのでした。自分が伝えたいことは何だったのかということが。そして、自分を叱りました。今頃、はっきりするのか、何を迷い、ぐずぐずしていたのかと。またしても、悪い癖です。本当に。以前、私はこれについて、恥ずかしながら、このように書いたほどです。

「悪い癖」がある。突然、「〇〇したい」と思い、急にその気になる。あれやこれや計画を妄想する。誰かに相談する。妙に自信を持って始める。いや、暴走する。しかし、妄想と暴走はやはりそれでしかなくなり、散々に七転八倒する。だが、何とかゴールまで来る。「やった！」と思う。それなのに、その後、不安になる。後悔する。自分を責める。素直に喜べなくなる。「あんなに望んでいたのに、頑張ってゴールまで辿り着いたのに、なぜ喜べないのだろう」と思う。そして、何かのきっかけで、ふと「悪い癖に、はまっていたな」と気付く。これが、私の「悪い癖」の中身。文字にすると、自分でも笑ってしまうほど怪しく、くだらない。だが、「はまって」いる時には全く気付かないのだから、やはり笑うしかない。つい最近も、「悪い癖にはまっていた」ことにやっと気付いたばかりである。この一年で二度目のことである。一度目は、拙書『小さな歌人たち―短歌はだれにでも易しい―』(溪水社)の出版。二度目は、第五十三回博報賞功労賞の受賞。二度目の「悪い癖」脱却のきっかけは国際啄木学会の山下多恵子先生からのお手紙。「受賞の喜びを」という内容だった。「悪い癖」に、はまっている自分に気付いたのはこの時だ、きっと。受賞の喜びという言葉も忘れかけていたところを揺り動かしていただいた。山下先生からのお手紙がなければ、未だにずぶずぶと「悪い癖」の泥沼に、はまっていたことだろう。(「国際啄木学会会報」第41号二〇二二)

自分の人生に於いて、おそらく二度とないだろう奇跡のような座談会、甲斐利恵子先生、松平盟子先生、望月善次先生をお招きし、かつての同僚であり、いや、畏同僚である松澤春香教論とともに、座談会をさせていただくことが実現したのに、なぜ、例の「泥沼」に入ってしまったか、何を、もやもや、ぐずぐずしていたかと思うのですが、ここに至るまですでに、多くの時間を費やしてしまいました。しかし、はっきりと気づいた今、迷いはありません。伝えたかったこと、それは、やはり、「短歌はだれにでも易しい」ということです。そして、だからこそ「もっと教室に短歌を」ということなのです。

もっと教室に短歌を

繰り返しになりますが、『小さな歌人たち　短歌はだれにでも易しい』『続　小さな歌人たち　詠み手と詠み手を育てる歌会のすすめ』『明日の「小さな歌人たち」を語る』を通して、伝えたいことは「短歌はだれにでも易しい」ということ。そして、だからこそ、「もっと教室に短歌を」ということです。私のように、短歌をろくに作れなくても、短歌は五七五七七だけでいいということを知っていれば子どもたちには易しく、例えば、次のようなことができますと伝えたいのです。

短歌は、小学一年生でも楽しく作ることができます。

短歌は、どんな題材でもＯＫです。

短歌は、タブレットで作ると楽しさが新しくなります。

歌会は、作品があれば、すぐ楽しくできます。

歌会は、次の作品の意欲を育てます。

歌会は、子どもと子どもの新たな関係をつくります。

歌会は、タブレットを使って行うと楽しさが広がります。

そして、これらのことを、子どもたちが実感するために、次のようなことも、ポイントになりますよと伝えたかったのです。

例えば、
子どもが、五七五七七にできたらいいのです。

子どもが、自分が「できた」と思える作品を作ることができたらいいのです。

子どもが、歌会で、他の友達の作品から学び、まねることができたらいいのです。

子どもが、作りたいと思えば、隙間の時間で、作ることができたらいいのです。

子どもが、作りたいと思えば、どんな場面ででも作ることができたらいいのです。

しかし、座談会をお読みいただけば、おわかりいただけるかと思いますが、この期に及んで、まだ、伝えるべきことが何なのか、ぐずぐず、もやもやし続けているのです。

例えば、座談会の第一場「『小さな歌人たち　短歌はだれにでも易しい』で語る」において、松平盟子先生は、おっしゃるのです。「読者は誰か。読者の顔を見て作っているのか」と。本を作ったことなどない私には、刺激的な問いでしたし、そのために、どうあればよいか、何を学べばよいのか、そういう学び方があったのかと、ぐらぐらとなるわけです。その一方で、どんな試みも、厳しい指摘や反論をいただけることが幸せであり、次への架け橋になると思うのでした。「礼賛だけの実践は本物になれず、広がらない。反論が新しきものを生む」この言葉を思い返したのでした。

第二場も第一場に続いて『小さな歌人たち　短歌はだれにでも易しい』で語る」なのですが、その場面で、甲斐利恵子先生が、おっしゃるのです。ご自身の実践「沖縄の声を聞く」で、中学生の皆さんが短歌創作をし、その指導の際の心構えとして「何もしない覚悟」を筆頭に、「五つの覚悟」について。私は、自分の「短歌カウンセリング」について再びぐるぐると考え、行きつ戻りつするのでした。どこが違って、どこが同じなのかと。

第三場「『続　小さな歌人たち　詠み手と詠み手を育む歌会のすすめ』で語る」は、他者、自己、作品、評価などが話されました。松澤春香教諭は、歌会で子どもが、他者の気付きを知り、それをもとに、子どもが自分で、自分の作品に気付き、直す試みをしようとしていることを話されました。

一方で、望月善次先生は、「自分が自分を評価することは難しい。自分の顔だって見えない、イメージできるのは、せいぜい鼻の頭ぐらい」とお話されたうえで、歌人であり、高校教諭でもあった故柏崎驍二氏の代表歌をめぐる柏崎氏ご本人のお話をされ、評価のとらえ方の表裏と難しさについて話されました。他者、自己、作品、評価、どこを、どのように切り取って考えれば、すっきりとするのだろうと思うのでした。

第四場「学校教育における今後の短歌教育　その一」では、学校教育において今後どうあるべきかが、話し合いの道となっていきました。甲斐先生は、短歌は万能選手であり、言葉の力を育むツールであり、何にでも使える、可能性が広がるということを話されました。松平先生は、心情を盛り込めることを実感する力、そういうことが学びの現場で活かせる、その具体について話されました。松澤教諭は、短歌で、そして、歌会で、子供同士の関係作りができることを話されました。先生方のお話から、短歌で、次に何ができるだろう、俳句と短歌をどのように分けて指導できるだろうと、担任している子どもたちの姿を思い浮かべ、考えを巡らせたのでした。

最後の第五場「学校教育における今後の短歌教育　その二」では、第四場を受けて、質問をし合いながら、作品を作ることをめぐって、話の道が進んでいきました。甲斐先生が、生徒のみなさんが、どのようにして短歌を作ったのかを具体的な資料や作品を提示されながらお答えになり、歌人である松平先生は、詠み手の立場として、感情のまま投げ出したような作品を自ら気づいて別な言葉に置き直していく過程を、すっぱりと答えられました。私は、恐る恐る俳句に心情を表さないということなのかと質問しました。そして、心情をめぐって、望月先生、松平先生が定義について話されました。そこで、再び思うのでした。まだまだ学ぶべきことがあるということを。

そして、分かったのです。

たくさんの学ぶべきことの中で、私が伝えたいこと、伝えられることは、やはり、「短歌はだれにでも易しい」「だからこそもっと教室に短歌を」ということだと。

「みなさん、教室で、子どもと一緒にどんどん短歌で楽しんでください。『くじらぐも』や『スイミー』、『ちいちゃんのかげおくり』、『ごんぎつね』や『大造じいさんとがガン』、そして、『やまなし』のように、ずっとずっと、どの学年にでもある物語のように」ということを。

子どもたちと短歌で学んでいけばいくほど、新たな迷い、疑問、そして、さらにめざしたいといったことが現れます。

それは、短歌でなくてもどんな学習材でも、教科でも同じことでしょう。そういった時に、甲斐先生、松平先生、望月先生、松澤教諭の言葉が、迷いや疑問を飛び越え、めざしたい高みに迫る手がかりになると思います。

拙著『明日の「小さな歌人たち」を語る』が、そういうものであってほしいと願っています。

宮沢賢治の母校　花巻市立花巻小学校で

花巻市立花巻小学校は令和五年度に創立百五十周年を迎えた学校です。そして、宮沢賢治の母校でもあります。

座談会が行われたのは花巻小学校の「銀河ルーム」。壁面には、小学生時代の賢治の写真、「銀河鉄道の夜」をモチーフにした木製の壁画、そして、賢治の言葉があり、静謐さが百五十年の歴史を醸しています。

個人的なことで言えば、かつて花巻小学校に勤務させていただいたこと、初めて短歌創作単元を六年生で行い、初めて歌会を行い、さらには初めて一年生と短歌創作単元に取り組んだことなど、様々な思い出と多くの学びを得た学校でありました。また、松澤春香教諭にとっては、現在の勤務校でもあります。

この花巻小学校を会場に座談会を行うことができたのは、ひとえに、沼田弘二校長先生のご厚意によるものであり、教職員の皆様の御支援の賜物です。心より感謝申し上げます。

百年の　ずっと昔の　この時に
いたのねここに　賢治先生

（平成二十一年度　花巻小学校二年児童作品）

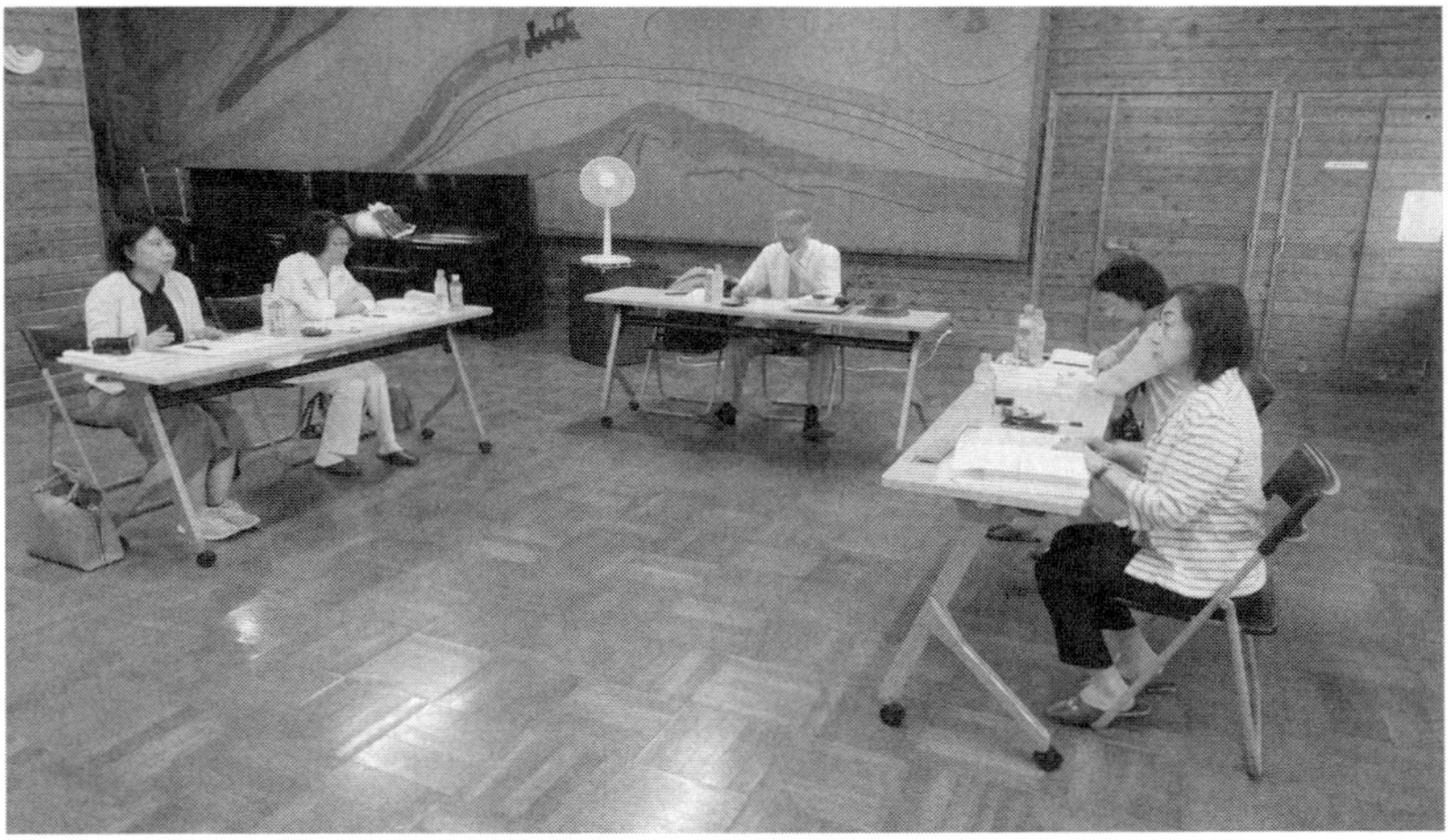

花巻市立花巻小学校「銀河ルーム」にて

宮沢賢治の母校の花巻市立花巻小学校

花巻小学校の前に広がる花巻城址の森

第一場

『小さな歌人たち　短歌はだれにでも易しい』で語る　その一

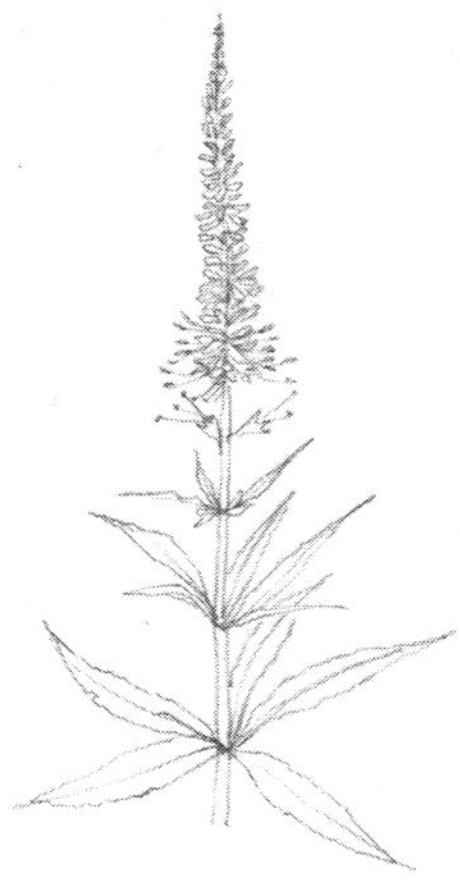

望月　そうですね。では始めましょう。この会場の（花巻市立）花巻小学校は伝統校、賢治の母校でして、先ほどご挨拶くださった沼田校長先生は、実は私の勤務していた岩手大学の卒業生です。また、近くに（花巻市立）南城小学校という学校があるんですけれど、南城小学校は、賢治の羅須地人協会あとの賢治詩碑の近くにある学校なんですけれど、沼田校長先生の奥さんの玲子さんは、その南城小学校の副校長（当時）で、学生時代は私の研究室の学生でした。で、学生たちとその頃、よく飲みに行っていた飲み屋で、沼田校長はバイトで働いていたわけです。そんなこともあって、いろんな我々の弱みを知っていて、（笑）まあ、そういう繋がりなどもありまして、今日は『小さな歌人たち―短歌はだれにも易しい―』の話を前提にして、これからの話を進めていきたいと思います。

皆さん、儀礼的なことはいりませんから、自由にがんがん言ってください。まず、第一ラウンド。一人五分程度で、話していただき、時間になりましたら、（南部鉄器製呼び鈴を示して）これでお知らせしますので、（ベルの音）十分に発言できなかったときは、僕の方で調整しながら進めていきます。なお、敬称はどなたも「さん」でお呼びするという「宮沢賢治イーハトーブ学会」の例にならって「さん」でお願いします。それでは、まず著者御本人のほうから発刊の意図について。柳原さん、よろしくお願いします。

子どもの作品を残したい

柳原　よろしくお願いします。今日はありがとうございます。
　本にしたいと思ったのは、子どもたちが作った短歌作品を残したいと思ったことが始まりでした。なぜ、そう思ったかといいますと、岩手県の地元新聞に、『岩手日報』というのがあります。それに、まさにここ花巻小学校で担任だった子どもが、「短歌甲子園」の選手として活躍しているのを新聞で見て、それで、ああ、そういえば、いい作品作っていたなって急に、があっと思い出しまして、それで子どもたちの作品を残したいと思ったのです。それが、始まりです。

本にまとめるにあたっては、子どもたちの作品を歌集として残したいとだけ考えていました。しかし、一年生の子どもたち、もしくは、六年生の子どもたち、他の学年の子どもたち、他の学校の子どもたちが、どのようにして短歌を作ったのかを記すことの良さについて助言いただいたこともあり、それに納得し、それぞれの学校のそれぞれの学年の子どもたちがどのようにして短歌を作ったのかについても、記したのでした。

本が出来上がった時、できたという喜びはもちろんありましたが、歌集なのか、実践本なのか、この曖昧さがあるなという思いが、私の反省として残っているところでした。繰り返しになりますが、発刊の意図としては、さっき言った子どもたちの作品を残したいというのが、出発点でした。以上です。

望月　ああ、はい、時間が、流石に発言時間は余ってるけど。私としては、本人が言うことはあてにならない（一同爆笑）。本人が言うことを絶対とすることは間違い（Intentional Fallacy（作品解釈において、作家の意図を絶対とする誤り）、そういう立場にいます。基本的には。本人が言っていることはいいですから、あっ、本人は、こういうふうに弁解したいんだなっていうことは確かなんです。本人の言うことはあてにならない、だから、もう、このあとは、皆さん、自由にやってください。

（始まる前の雑談で話したことを）繰り返しますけども、今日はですね、これから、今日の座談会を元にして、皆さん書き直しをして大幅に手を入れてもらうためにも、敢えて、先行研究等は示していません。私の三専門領域（国語科教育学研究、宮澤賢治研究、石川啄木研究）のうちの「国語科教育学研究」でも最も信頼している研究者に大内善一（茨城大学教授）という人がおられて、柳原さんが受賞した「博報賞」の推薦人になってくださり、意を尽くされた批評も書いてくださっているのですが（大内善一「コロナ禍の中の優しい訪問者たち～柳原千明著『小さな歌人たち～短歌は誰にでも易しい～』」『国際啄木学会・盛岡支部会報』第三十号（二〇二二・三）一三～一九頁）それは示しません。また、私自身の『続　小さな歌人たち』に関する「解説」めいたものもあるのですが、本日は、そういうものは、原則的には示しません。それはない。

前置きは、さしあたり今はこの辺りで止めて実質的なところに入って行きましょう。

この後は、甲斐、松澤、の順番で、松平さんが最後。提案型のコメントでも、これは間違っているんじゃないかという牽制球でもいいのです。とにかくですね、儀礼的なことを除いてですね、がんがんやってください。第一ラウンド最長五分です。

では、甲斐コメントお願いします。

いい作品を作るという作品主義ではなく子どもを真ん中において、子どもを見続けている。

甲斐　最初、この本を手にしたときに、あまりにもハードカバーで立派だし、大きくて、何となく、「短歌の専門家じゃないからな、私」、という思いが最初に浮かんできました。すぐ脇に置いちゃったんです。そういう意味では、自分にとってこの本は非常にハードルが高いという印象でした。

ところが、実際に今回、柳原さんからいろいろ連絡いただいたりしながら、再度手にしてみると印象ががらりと変わりました。なんというか、本の中から溢れてくる、何か同じ匂い（笑）を感じたんです。同じ匂いっていうか、私たち生粋の現場人ですよねって思いました。生徒の純華さんが活躍しているのを見て、自分の教室のように嬉しくなりました。その当時の教室の様子や純華さんがこう言ってたなみたいな一コマ一コマを思い描きながら読みました。私たちの幸せってこういうことですよね、みたいな感じで読むことができたんです。後になってから、松澤さんがいたおかげで、この本ができたのだと知って、このことも嬉しくなりました。柳原さんの実践の素晴らしさや子どもたちの素晴らしさはもちろんですが、やっぱり松澤さんのような方がそばにいてくれて、背中を押してくれたということがいいですよね。私たちは一人で教室に立っているわけですが、いつも子どもたちの笑顔やキラリと光るものに励まされている。そして、理解してくれる同僚や研究仲間に支えられているんですよね。この本を読んで、支えられながら教室にいる幸せをふと思い出したりしました。

一冊目を読んで一番印象に残ったのは、やはり主張をしてくださっている「短歌は易しい」「自由に戯れる」「どの学年でもできる」「本物を見せる」というフレーズでした。短歌を作っていく上での、教師としての基本姿勢というか、短歌指導とはどういうものかということをきちんと言葉にしてくださっていると思いました。短歌指導ということに長い間、真摯に向き合ってこられたのだということも伝わって来ました。いい作品を作るという作品主義ではなく、やはり、子どもを真ん中に置いて、子どもを見つめ続けている人の本なのだと思いました。

短歌は易しいとか言われても、やっぱりハードルは高いと思います。でも、やってみると柳原さんのおっしゃっていることが本当にそうなんだと思えます。この本を読みながら、そうそうと、何度もうなずきましたし、思わずつぶやいたことなどもありました。「自由に戯れる」や、「どの学年でもできる」と言う点でも大いに共感しました。小学校の子どもたちの、かわいい感覚もいいですが、中学生という思春期の子どもたちにも短歌はいい時間を与えてくれます。自分というものを徐々に客観視できるようになった人たちが自分の中にぐっと深く入っていく様子を見て、短歌という表現形式の力を感じています。中学生たちは確かに、インパクトのあるものができないと、出し渋ったりもしますが、回を重ねてやっているうちに、短歌の中に自分を投影していく魅力に気づくようになります。言葉を探す時間の楽しさにも気づいていきます。そして、結果として出来た作品の交流なども楽しみにしているようですが、それと同じように作品を作っているそのときの時間を楽しむようになります。この本に書いてあるように、もっと、私たちは自由に短歌と親しんで戯れていいのだということを再確認しました。

それから、宮沢賢治のことや啄木のことがこの本には書いてあるんですけども、私、望月先生にもお力添えをいただいて、「探究」の時間に宮沢賢治をテーマにした演劇に挑戦したんですね。宮沢賢治という人物を全然子どもたちが知らなかったので、賢治の作品や評伝などを読んだり、望月先生にzoomで解説してもらったり、クイズを出してもらったりして、宮沢賢治の人物像をみんなでつくっていきました。どんな人かという話し合いをしたときに、子どもたちは一生懸命に自分のイメージした賢治の姿を出し合っていました。こういう人、ああいう人、ちょっと変な人、はた迷惑な人とか、すごい才能を持った人とか、たくさんの人物像が出ました。そのときに、もし、この本にあるように短歌を書かせていたら、もっと豊かな賢治像が出てきただろうなと思いました。

こんなふうに、この本を一言で言うなら、「仲間ですよね！」(笑)という感じでした。

望月　甲斐さんをお呼びしたのは、日本を代表する実践家だからです。「甲斐さんの実践はすごい実践」だという世間の噂もあります。世間の噂が正しく、私は正しいと思っているんですけど、今一番日本で凄い実践をしている現場教師の一人です。それから、松平さんは最近の短歌作品・評論における充実ぶりがすごい。もともとすごい人なんですけれど。短歌の人って、どっちかといったら、あんまり物を言わない人が多いのですが、松平さんは若いときからがんがん言われて来て、特に近年の充実ぶりはすごい。この間出した与謝野晶子に関するものも感銘を受けました。

　この後に話す松澤さんは、若いんですけれど、柳原さんは「編集長」と呼んでいるんですけれど、編集長は柳原さんのそばにいましたから、率直なところをどうぞ。じゃあ、編集長どうぞ。

短歌を通して
子どもたちがお互いの良さを認め合う

松澤　はい。私は千明先生に、短歌の指導を教えていただきました。そして、それを自分でもやってみた経験からしか言えないのですが、一冊目の中で、「できるだけ早く短歌に出会わせるのがいい」というのがありましたが、今、三年生の子どもたちを前に、本当にそうだなっていうのをすごく実感しています。

　これまで、五年生や六年生を担任することが多くて、その中で実践を始めました。先程、甲斐先生のお話にもあったように、高学年の子どもたちは短歌を作る時、ちょっと一見難しいかなと、子どもがかまえてしまうようなところがありました。けれども、今年、担任している三年生と短歌を作ってみて、三年生にはそんな感覚はあまりなかったんです。三年生は興味関心がとても強くて。やっぱり早くに短歌と出会わせて、短歌を教えていけたらいいなっていうのは、そこで感じました。三年生がこんなにも全てを吸収して楽しく短歌を作れるのならば、一年生ならもっと無限の可能性があるのかもしれないと思いました。

今年、学校公開がありまして、そこで、歌会を取り入れた授業を行う予定です。小学校では、三年生で初めて短歌が教科書に出てくるんです。そこで、授業を構想していく中で、何を教えたらいいのか、どう教えたらいいのか、短歌を通して、どんな力が子どもたちにつくんだろうと、やはり、すごく考えました。三年生の子どもたちは、自然に、「作りたい、作りたい」と言って、作るんですね。

その過程で、何も教えていないけれども、自然に様々な表現方法を身につけていくんです。そんな子どもたちに、今後さらに、どうやって、国語として、教科書にある教材として、短歌と関わらせていけばいいかという所は、今でも悩んでいます。

まとめます。結局、今、私が思っていることとしては、短歌を指導するというよりは、短歌を通して、子どもたちがお互いの良さを認め合うとか、良いところを見つけ合うとか、何かそういう様な目的で、私は短歌を捉えているんだということです。授業を構想していく中で、改めてそれを自覚しました。短歌や歌会を通して、子どもたちはすごく楽しく、そして自然に、「いいね」とか、「意外だね」という気づきをもつことができています。これが、学級を作っていく中で、すごくいいんです。優れた歌人たちの短歌を味わうだけではもったいなくって、自分の思いを素直にのせて表現するための手段として短歌を作ったり、友達が作った短歌を味わい、互いの良さを見つけ合うための手段として歌会をしたり、あくまで国語科という教科の指導の中であっても、このように位置づけて挑戦できる可能性のある教材なのではないかと思っています。以上です。

望月　甲斐さんも言われていますが、「仲間」は大切ですよね。「仲間」にして柳原さんの背中を押し、押し続けている松澤さん、柳原実践における松澤さんの意味はどんなに強調してもし過ぎることはないでしょう。では、松平さん、お願いします。

あまりにも眼前の生徒の作品だけにこだわりすぎている

松平　この本をいただいて最初に思ったのは、柳原さんが短歌教育をどう考えているか、どう実践してきたか、という立場で一気呵成に書いた奮闘録、奮闘記録だということです。その奮闘ぶりに感心したのがまず第一でした。こんなふうに熱い心で子どもに接し、また短歌を作ることを促して実際に作らせてみると、こんなに楽しげに子どもたちが反応する。そして作歌も一回で終わらずに歌会まで行ってしまうという一つの流れをつくる。そういう手技、テクニックを獲得されたことが素晴らしいなとまず思いました。

一方で、この本は誰が、どんな立場の人が読者かを想定してお作りになったのかと戸惑いました。つまり、柳原さんの思いをどんな読者が受け止めるのか、想定されるどんな読者の顔を想像しながら本を作ってるのか、ということなんですよね。

私の場合は、肩書きに歌人と書いてある通りでして、自らが作る立場、詠む立場にあります。子どもに教える立場の人間じゃないわけですけれども、ささやかながら、小学校で出前授業のような形ですが、何回か子どもに短歌を教える機会がありました。五年生、六年生という高学年ばかりです。四十五分の授業を二回続けて行うパターンでした。子どもたちは、本当にピュアに反応するんだなって感心し、楽しかったです。ただ、それは単発的な体験で、それ以上何か次に発展させる契機とならず終わってしまったのは残念だと、今も思っています。

つまり、私は教育者として子どもに接したわけではなかった、短歌という詩の特徴の大枠を知ってもらい、試しに作ってみてくださいとささやいた程度だったんです。短歌を苦手と感じて遠ざけてしまいがちな教員が多い、そういう学校教育現場がもっぱらだと聞いたことがあり、実際にそうだろうなと思ってきたので、短歌の現場にいる歌人を招いてくださった、そのように自分の立場を感じました。

言うまでもなく、小学校の教員は多くの教科を教えなくてはならないから、短歌の実作指導は確かに負担ですね。指導の仕方もよくわからない。学生時代に国文学や日本語学を専攻したとしても、実作はまったく別物です。小学校の国語科の教科書における短歌の扱いが極めて限られている現状で、さらに作ってごらんなさいと促すのは、教員の側に立って言えば酷だなとも思います。

そうしたことを考慮すれば、柳原さんの著書は画期的だと思いますし、実践的な指導書・指南書として広く読まれていいし、そうであってほしいと思います。

ただ、そうであるとするならば、あまりにも眼前の生徒の作品だけにこだわりすぎている。現代歌人の実際の活動ぶりを知り、作品を幅広く知っている方が、短歌というフィールドの全体像を納得できます。その上で子どもの短歌の実践に関わる方が、さまざまな栄養を取り込み反映させることができるのではないでしょうか。

子ども向けの短歌というジャンルは、現在、それなりに認知され、奨励されているようにも感じます。自治体などが主催する短歌大会を始めとして、今世紀に入ってから各所で発表の機会が設けられています。関係する自治体、小学校、また賞に携わる歌人を一度調べてみるのもいいと思います。開催記録時の冊子も残っているでしょうから、手紙を出して収集に協力してもらってもいいかと。
　柳原さんの著書に紹介されている和歌・短歌は、ご自身が使っていらっしゃる教科書に掲載の限定的な作品かと想像して読みました。しかしこれでは子ども向けとして扱われている和歌・短歌の具体的な作品数や傾向はわからず、全国的な意味での実態を網羅して理解することはできない。これは問題点だと思います。

望月　はい。ありがとうございます。松平盟子のコメントを切るなんて、気分がいいねえ（一同笑）。いやあ、でも、切らないとね、家に帰れませんから。今日中に帰らないとね（笑）。それに、今日、花巻小学校とは、午後五時には完全撤退という約束になっていますから。
　この発言時間を区切るということは、ものすごい本質的なことでね、指摘がありましたけどね。進行役の務めって、これに尽きるかなあ。ほんとに。

この後、追加拡充三分。柳原さんを除いて、三人。甲斐さん、松澤さん、松平さんの順で。そうすると、第一ラウンドが終了することになります。じゃあ、甲斐さん、お願いいたします。

自分のやっていること自体を客観化しながら言葉を選ぶ苦しさ、楽しさに向き合い続けた結果「表現する」ということの本質に迫っていく

甲斐　この本を読んだとき、例えば、こういうふうにしたら短歌指導ができますっていうのとは違うと思いました。この本に描かれているのは、先ほど松平先生が言ってくださった、教師としての熱い思いですね。それと同時に、子どもが見える面白さ、子どもと内面で繋がっていく楽しさっていうか、教職の醍醐味みたいなものがビンビン伝わってきて、そういう本だなって思ったりもしました。

松平先生のご本の中にも、「そもそも、短歌っていうのは、心を収めるための小さな器なのだ」っていうフレーズがありますが、このフレーズ、とっても気に入っています。私達教師は、子どもたちが心をちょっと動かしたそのときを大事にしたいと思っているのではないでしょうか。そのときに、今、自分の動いている、この気持ちを言葉にすると、どうなんだろうって思うきっかけになると思うんです。そういう、ちょっと立ち止まって自分の心の中で起きていることに目を向けて、言葉にしてみる。そして、器の中にぽんって入れておく。それを短歌が実現してくれていると感じました。そういう心と言葉の通信をたくさんやってる子なのか、楽しかったとか、嬉しかったっていうだけで過ごしているかの差は大きいのではないかと思います。とても大事な時間が、ここで実現されているなっていうことを思いながら、読みました。

生徒の作品の中で、

啄木は苦しみながら作るのか作っているから苦しくなるのかというものがありました。

中学生のような思考がもう始まっていますね。自分のやっていること自体を客観化しながら、言葉を選ぶという苦しさあるいは楽しさに向き合い続けた結果、「表現する」ということの本質に迫ってきている姿が見えます。あらためて短歌の力を再認識したことでした。以上です。

望月　それでは続きまして、松澤編集長、お願いします。

松澤　今、お話にもあったように、短歌というのは自分を見つめるいい機会で、いい手段、方法だなと思います。子どもたちの作品を見ると、小さいながらも、客観的に自分のことを見て書くような短歌もあれば、日記の延長のようなものもあり…。普段、何気なく思っていることを三十一音で表すという、その行為自体が、いろいろな思考や能力を使っているなあと、子どもたちが一斉に作る様子を眺めていて思います。
その時に、もうちょっとこうしたらいいんじゃないかなと思うときもあるんです。けれど、子どもに、どうしてこう書いたのかと聞くと、やはり、子どもなりの作品に込めた思いがあって。子どもたちの作品自体は、私が指導したというよりは、何か生活の思いをそのままのせたような短歌で、本来の短歌としては、未熟なものなのかもしれませんが、子どもたちにとっては作品になったことが喜びなんだなと思っています。以上です。

望月　それでは続いて、松平さん。

よそからの風を導きながら、短歌というものを考えてみる

松平　柳原さんが学校教育の現場で、短歌について考え、立ち向かう奮戦ぶりはよくわかります。けれども、それでは足りないと思います。日本全国にまで話を広げるまでもなく、たとえばここ岩手県には、また隣の宮城県にも、優れた歌人は何人もいるんですよね。その上、現職か元かを問わなければ、教員経験者の歌人はそれなりの数に上るはずです。小学校に限定せず、子どもたちと向き合ってきた、または現在向き合っている「教員で歌人」という人たちとの横のネットワークは求められていいのではないでしょうか。それを広げ、問題意識を共有する必要があると思います。課題も見つかるでしょう。実作体験は、柳原さんご自身にも求められると確信します。なぜなら、短歌は五・七・五・七・七という形のある詩であり、言葉の

意味だけを拾ってまとめるものではない。それゆえに、どうしても経験がものを言う。コツや勘といったものは現場で培うしかありません。

そういう、よそからの風を導きながら、短歌というものを考えてみるという機会があってもいいのかなと思いました。

教育の現場というのは、勤務する学校内にあるだけじゃない、そう私は思っているんです。日本には「日本歌人クラブ」「現代歌人協会」など短歌の職能団体があります。前者の「日本歌人クラブ」には、岩手県を含む東北ブロックという括りでの支部があります。北上には、日本現代詩歌文学館がありますから、そこに相談することもできます。柳原さんの生活環境や職業領域に無理のない範囲で、教員どうしの交流会や勉強会をすることもできるのではないか。「教員で歌人」の協力者を得て派遣してもらうこともできるのではないか。いろんな形で短歌教育を考えることは可能だと思います。

望月　今のはね、重要なことでしたね。このあたりは、柳原さんはどう考えるのか、どうぞ。

柳原　はい。二作目とも関わるのですけれど、子どもが、自分が作った作品をどう直せばいいか、どうも気に入った作品にならない、どんな作品にすればいいのか悩んでいる時に、私の頭に、どう言ってあげていいのかが浮かんでこないということがあったんです。初めて味わったこの感じは何だ、どうしてあげたらいいんだと、おろおろしたことが、二冊目を書いているまさにその期間に行った短歌の授業の場面でのことです。そういった時に、確かに先ほど松平先生がおっしゃったように、短歌を作ってらっしゃる歌人の方から話を聞くとか、そういったこともやっぱり更にするべきだったな、そうか、そういう手立てがあったんだなということは、今、身に染みました。ただ、誰に、どのように、ということはわかりません。どのような先生から、どのように教わればいいのかという観点は、現在の私には、わからないんですけれど、私が学ぶということは、子どものために必要なことだとは思いました。

※（※は座談会後に付け加えた説明。以下同様。）「私が学ぶということにおいては、子どものために必要なこと」などと話しながら、その一方で、頭の片隅には、別な考えもありました。それは、松平先生が話される「よそからの風」の必要性に関わることで、決してそれを否定するものではないのですが、そういう考え方もあることを前提とした上で次の三点において、この時に話すべきだったと思っています。

一点目は、やはり、私は、子どもたちとの関係性の中で作品作りをさせている立場の人間だということです。

二点目は、短歌を理解するまでに至っていない私のような教員でも、子どもたちが短歌を作り、慣れ親しむ体験をくぐらせることができるということを伝えたい立場の人間であるということです。ただ、読み手の心に迫るような短歌を私も作れたらいいなという思いは持ってはいます。一時期、一日一首というトレーニングを望月先生にしていただいたことがあります。そこで分かったことは、私には続ける才能がないということ。でも、子どもが作った作品をその子の人となりや日常に合わせて直したり、相談にのったりすることは毎日でもできると思うのですが……。一冊目『小さな歌人たち』が書店に並んだとき、松澤春香「編集長」は花束とノートを持ってお祝いの言葉を手向けてくださいました。花束は労いとお祝い。ノートは「短歌を作らせる作戦」でした。望月先生が解説に書いてくださっている「短歌を作らない人による短歌指導書の意味――「普通の教師に」のものとなる短歌指導――」に敏感に反応し?「短歌を作る人」になってはどうかと。それでも、私は短歌を作ることができませんでした。

三点目は、学ぶことを絞るということです。私は自分が短歌をろくに作れないことや短歌作品をろくに知らないことについて開き直るつもりは全くありませんから、自分が今の時点で足りないと思うこと、具体的には、たくさんの歌人の短歌作品を読むということだと思っています。

しかしながら、短歌を知らない（理解できていない）と短歌創作の指導ができないということに一直線には繋がらないと思っています。私は、子どもたちに上手い短歌を作らせようと思ってはいないのです。子ども自身が自分の作品に納得できれば、それがその子にとってよい作品だと思っているからです。そして、それぞれが作った短歌作品で、歌会などを通して対話し、心を育むことができるのがいいと思っているのです。

これらについて、やはり、あの場で話せないといけなかったと思っています。いつもぐずぐずと遅いわけです。後になってはっきりするという……いつものパターンと言えばいつものパターンです。ただ、次のご発言で司会の望月先生がおっしゃるように、これらに関することは、突っ込みどころ満載の、もしかしたら、「中庸」を見つけることを前提としなければ、鶏が先か卵が先かのような問題になってしまうことではあると思います。）

望月　この問題は、突っ込んでいくと、いろいろな問題が出てきて、面白いところではあるんですけれども、ここでは、これ以上やりません。

身近にあった具体的な例をご紹介しましょう。

一つは高校の二年生の時、廣瀬直人という先生が担任だったんです。廣瀬直人は、皆さんご承知のとおり、飯田蛇笏がなくなったあと飯田龍太に師事し、もちろん、俳句の世界では有名だったんです。ところが我々にはね、学校では、俳句のハの字もない。担任の時やったのは、朝の時間を通じて、朗読をするということだけ。それで、みんなは廣瀬直人ってどういう存在として認識していったかっていうと、剣道部の顧問でしたから、それほど剣道強くないなあというのと、それから、奥さんと一緒に合唱団にいたから、口の悪い奴らなんかは、合唱に行って、奥さんをゲットしたらしいぞって、その程度ですかね。でも、あとで聞いたら、ものすごい人で、ということが分かるんですけど。

それから、三枝昻之なんか一緒に三省堂で教科書の編集をしていた人が三枝の弟子で、その人の関係で、三枝もその教科書に短歌に関する文章を書いていたのです。（三枝の父親が私も属していた窪田空穂系の歌人で、空穂の高弟でもあった私の直接の師匠の都筑省吾も早稲田高等学院でも教えていましたから、早稲田関係の人が多く、早稲田大学の三枝のことも一応は知ってはいたのですが）そうした契機で親しくなり、第二歌集の三木与志夫『（歌集）評伝岡井隆』（不識書院　一九八四）の解説などを書いてもらったのです。

それはさておいて、でも、学校現場に行って短歌の授業ができるかなあっていったら、どうでしょうか。

松平盟子でもできないかな。では、勝手にやってればって、ことになりかねない。

だから、そういうところは、ここは踏み込みませんよね。

では、第二ラウンドに行きますね。第二ラウンドは、二冊目についてです。発刊の意図について、柳原さんどうぞ。

第二場

『小さな歌人たち　短歌はだれにでも易しい』を語る　その二

もっと早く子どもたちに短歌を楽しいと思わせることができるタブレットを使って歌会もできる

望月　第二弾発刊の意図。では、柳原さん。

柳原　一冊目を書いていながら、「いや、違う、もっと早く子どもたちに短歌を楽しいと思わせることができる」って分かっていたのに、まだ前の段階の実践を書いている、それが嫌で嫌で、もう早いこと書かないとこれはもう駄目だと思い、しかし、ずいぶん日が経ったんですが、まずは、一冊目で書いたことの改善点を書きたかったんです。すでに、子どもに合わせて改善して行っていたからです。

それから、二つ目としては歌会はこんなにもいいものなんだということを書きたかったんです。一冊目を書いたあとも、何度も歌会をやってきているんですけれど、これをもっと広めたいと、誰だってできるから。誰でも、どんな学級でも歌会はできた、だから広めたいっていう思いが、歌会を行うたびに強くなって。一冊目では、歌会は、触る程度しか書けなかったという思いがあるので。

それから三つ目としては、私は自分をアナログ人間だなと思ってるんですが、子どもたちにはもうタブレットが一人一台の時代になって、タブレットを使って短歌を作ることができる、歌会もできるということを広げることで、さらに短歌を作ることや歌会が広がるだろうと思ったのです。加えて松澤先生やもう一人の学年の先生は機器に強かったので、今年やらないでいつやれるだろうと思って学年歌会をリモートで行ったのです。その実際を絶対に皆さんにお伝えしたいと思ったのが、大きな三つ目の発刊の意図でした。

それから、細かいところで二つあるんです。本の中にも書きましたが、同じ子どもたちと縁があって、三年、四年、五年、と担任しておりました。

その中の短歌大好き少年が五年生になって悩んだんです。自分の作品に納得できなくて、その子が、「いや、こうじゃない、これが自分のお気に入りじゃない」って言ったときに、私が、それがいいよと言っても、その子は納得しない。そういったとき、こういう作品もあるよって紹介できたらいいのにとか、こうしてみたらっていうことが言えない自分、他の作品をもっと知るべきなのに知らない自分、いいのか悪いのか、どこが差なのか、この子のもがきが分からないのは、私のもがきでもありました。そういうところを知りたい、そしてまた、今日は、そういうご批判などを先生方からいただいて学び、どれだけの授業ができるか、次の授業では先生方からいただけるたくさんのご批判を自分の新しいエネルギーに変えて授業したいと思っているのでした。（ベルの音）ぴったり！（爆笑）

望月　時間を守る。かつては何とか時間って、ああ例えば「花巻時間」のように、まあ、最低一時間ぐらい遅れて始まるんです。それが、鉄道文化に取り込まれて、世界でも有数の時間に正確な日本の鉄道文化となって行くことは、皆さんも御有知のところでしょう。はい、甲斐コメントお願いします。あっ、その前に、ちゃんと二冊目の資料は行ったんですよね。はい、では、お願いします。

何もしない覚悟
レベルを上げようと思わない覚悟
分かるようにと思わない覚悟
正解はないよという雰囲気をつくる覚悟
子どもたちの言葉に寄り添う覚悟

甲斐　二冊目を読んで印象に残ったのは、三つ。大きく三つありました。一つはお父様のエピソード。もう、本当にいいなあと。それから二つ目が、松澤先生の問い続けるところ。それから、三つ目が、教師ってどういうふうにして教室にいたらいいのかを考えたくなったということです。

お父様のことや松澤さんのことは、本当に心に沁みました。これからもずっと覚えていると思います。ここでは、三つ目の自分が教師としてどんな心持ちで教室に立っていたかをお話ししたいと思います。

最近、「オキナワ～声なき声を聴く～」という大きな単元をしました。そのときに、短歌を通して、オキナワの声なき声を聴いてみようと、子どもたちと取り組みました。そのときの自分に課したのは、次のことでした。何もしないという覚悟、レベルを上げようと思わない覚悟、分かるようにと思わない覚悟、正解はないよという雰囲気をつくる覚悟、子どもたちの言葉に寄り添う覚悟、そういうことを意識して指導していたような気がします。

様々な場面で短歌を扱っているうちに、短歌が持っている汎用性の高さを信頼するようになりました。今回のオキナワの単元は、とにかく子どもの声を聴こうと思いました。短歌という素材なら、子どもたちは自分の思いを全力で投入していくだろうと予想できました。何に心を動かされたのか、なぜこの言葉を使ったのか。子どもたちとの対話の中で多くの思いや言葉に出会いました。いい歌にしようと思わずに子どもと向き合うと、どんなことが起きるのか、どんな手助けができるのか、そんな思いで教室にいたと思います。

遠く離れた沖縄で何が起こっているかということを「他人事」にしない力が短歌にはありました。自分の身の上に起こっている出来事としてとらえたいときに、短歌を使うことが、いかに有効だったかってことを思い出しました。

望月　じゃあ、松澤さん。

松澤　はい。一冊目は、一年生から六年生の子どもたち、誰にでも短歌は作ることができるということ、二冊目は、誰でも短歌を作らせることができる、そして、歌会をすることができるんだよということを、伝えるための本だと捉えてきました。

その中で、私も歌会をするという短歌の授業をしてみて、その良さや方法を、いざ他の先生に伝える時に、なかなかうまく理解してもらえないなと思うことがありました。だからこそ、この本が、色々な人に伝わるものであればいいなと。それこそ、短歌が得意じゃないとか、国語が得意じゃないという先生も、誰でも、短歌を教材にした授業や歌会ができたら、素晴らしいことだなと思います。そして、千明先生が歌会の良さを広げたいと話していた通り、私も授業してみて同じ気持ちで、ぜひ、いろんな人に、いろんな先生方に、「歌会の授業をやってみて」と伝えたいです。そのための本であればいいなと、今、先生方の話を聞いてさらに思いました。以上です。

望月　はい。それでは、松平さん。

タブレットに馴染み短歌を親しむ一つの手段とするその可能性を確認したってことなんですよね

松平　柳原さんの二冊目の著書に掲載された、多くの写真に目が留まりました。現場で子どもたちがどのような短歌を作り、歌会をしているのか。とても心強く思ったんですよね。その心強さとは、楽しそうにやっているなっていう喜ばしさが一つと、もう一つはタブレットなどの機器をどんどん使いこなす姿に、今の時代の実相を知る思いでした。タブレットに馴染み、短歌に親しむ一つの手段とする、その可能性を確認したってことなんですよね。

二十一世紀に入る前後ですが、現在の歌壇で活躍する人たちが十代、二十代、三十代だった頃に、インターネットを駆使してネット上で歌会を始め、あっと言う間にそれが広がりました。中年以上の世代の知らない形での歌会です。それは、縦書きに短歌が印刷された用紙を会場で配る歌会や、短歌作品の載る歌誌を持参する歌会とは全く違う。それまでは参加者が対面で批評したり意見を交わすのが歌会だったわけです。若い世代は、当初はパソコンで、その後はスマホで、それぞれがネット環境の整った自分のいやすい場所に身を置き、モニターを見ながら歌会をする。画期的ですよね。

こうした経緯を見ると、タブレットという機器を遊び感覚で使いこなす子どもたちが、歌会にも馴染んでいる姿には感慨を覚えます。短歌を好きになった子どもが、ネットを介して短歌のサークルやグループを検索し自分の居場所を見つけていく、そういう手立てになりそうです。これは期待できますね。

その上で、加えるなら、音楽的要素とか映像的要素、そういうものも加えていったらいいのではないか。短歌は五七五七七の律（リズム）をもつ詩ですけれども、実は明治期には、五七五七七だけじゃない、さまざまな律（リズム）が近代詩の形成に関わり、試みられたんですね。四六四六四六とか、八四八四八四とか、多彩でした。明治三十年代末に、文学の新思潮として巻き起こった自然主義は、口語詩、自由詩への扉を開き、それは律からの解放というか破壊を押し進めましたが、しかし日本の詩歌は長い年月、律に言葉を載せて表現することに馴染み、好まれてきた。そんなに簡単に律は消えてなくならないと言うことです。

短歌の律だけでなく近代詩や童謡の律にも注意していいかと思

います。そのために音読は必要です。律の意識化に最適ですから。例えば、藤村の有名な詩「初恋」。「まだあげ初めし／前髪の／林檎のもとに／みえしとき／前にさしたる／花櫛の／花ある君と／思ひけり」は、口ずさむだけでとても心地よい。律があるからです。童謡や唱歌も同様ですね。「夕焼け小焼けで／日が暮れて」「雪のふる夜は／楽しいペチカ」「夏が来れば／思い出す／はるかな尾瀬／遠い空」。いくらでも思い出せる。律は音楽性にも直結します。

望月　一応ね。時間なんだけどね。三分間延長しますから。松平さん、どうぞ。

松平　日本語の魅力、詩歌の魅力、詩にひそむ律の力は、そういうところにあるんだなって気づく、それを子どもに体感してもらう経験は大事だと思います。例えば音楽の先生と一緒にこうした体験型の学習をおこなうのはどうでしょう。美術や映像に詳しい先生にも声をかけて画像や写真を付け、聴覚と視覚の両面から詩歌を味わう。非常に立体感があり、そうした場に身を置くことは成長期の子どもに何かを与えそうな気がします。理屈でなく楽しめるのではないか。

子どもが短歌を作る経験はどんどんしてほしい。一方で、大事なのは、日本語による表現の内側に、かつては当たり前のように横たわっていた律への自覚です。その自覚を促すことは、私にはもっと大切なことに思われます。越境性のある教育現場が求められていいのではないでしょうか。

望月　松平コメントに柳原さんは、どう思うの。

柳原　今、先生がおっしゃったことは興味深いことだし、授業してみたら楽しいなっていう、子どもと授業をしている場面を想像できるんですけれど、短歌を教えている五七五七七あるいは、俳句の授業の五七五、それと、別な律のところと、上手に分けて、子どもが分かるように教えるというのは、おそらく低中高学年それぞれの学年で教え方を微妙に違えて行うことで、楽しさが倍増するなと想像しながら、今のお話を聞いたんです。

松平　小学校という現場の経験のない者の発想で恐縮です。理想だけを述べているのかもしれませんが、さまざまな挑戦を少しずつ試みていくことがあってのいいのかなと。

柳原　短歌や俳句のあの定型もまだ怪しげ気な子どもたちに、その別な律を教えるとしたら、定型を教えるのではなくて、律の快感というか、言葉のリズムに気づかせ、楽しさを実感させるといったかたちであれば、側面的に培うことはできるのではないかと思います。一気に一緒に学ぶと、子どもの頭の中が、ごちゃごちゃになってしまう、学んだ情報が交じって整理できない子どももいるかもしれない。だから、授業にするとき、もしくは、子どもに学びとして気づかせたいとき、どこを切り口にするかとか、何と一緒だと相乗的な効果があるかなど、どの教科、どの活動でどのように授業を作るかということの問題になってくると思います。そのように感じました。

望月　はい。この問題については、これ以上、突っ込みません。結論を言えば、日本の散文ていうのは、どういうふうにして成り立ってきたか。私なんかが商売にしている（学術）論文体みたいなのが、やっと出てくるのは、大正の末ぐらいですね。そのあたりでやっと出てくるんですよね。で、それまでの文章っていうのは、どういう関係にあるのかっていうのは、私が知っている範囲では、まだ日本語研究としてはね、そんな明快になっていないんですよね。だから、非常に面白い問題であると同時に、そういうものをどういうふうに考えて行くかは、実に大きな問題なんです。（賢治の妹トシの「自省録（宮澤トシ）」に関連して敬愛する大野眞男岩手大学名誉教授に、その辺りの解明をお願いしているところです。）

松澤コメントを聞きたいんですけど、さっき甲斐コメントに「沖縄の声を聞く」という実践の紹介があったんですけど、教師の立ち位置としては、「何もしない」「レベルの向上を求めない」「わかるように書くことを求めない」「正解を求めない」「言葉に寄り添う」というような覚悟をもってやるというのはどうでしょう。

松澤　まさしくそうだなと。本当に心にしみわたる言葉で、一言一句メモしたんですが、普段はついつい教えたくなったりして。それが指導者であることと思い込んでいるんですよね。でも、やっぱり、子どもは子どもなりにやるんです。勝手に。それを教師がどう見守りながらサポートするかが、教師の在り方なのかなと、甲斐先生のお言葉から考えました。

必要以上に構いすぎないというのは、たとえ何年生であろうと共通していると思うんです。できるだけ、待つ。自分たちでやる様子を見守るということですよね。自立を促すためにも、私もそこは大事にしている部分です。でも、何もしないってことは、何かをすることよりも、すごく難しいことなんです。周りの先生方、大人、もちろん自分に置き換えて考えても、何か手を出したくなったり、助言をしたくなったりしているんだなと思います。その方が、見守るよりも楽ですから。でも、「これでいい」と、そこで満足している子どもたちには、何を言っても届かないっていう経験があるので、やっぱり、見守るっていうのは壮大な覚悟であり、私達には一番欠かせないことだなと改めて思いました。

柳原　でも、それには、反論の余地はないし、絶対にその通りだと思うけれど、でもこれは、「いつ」かっていうことが大切かなと。最初から最後まで、そうなのか、待てよと思うんです。例えば、単元が始まった入口では、こう指導するけれど、単元の真ん中辺だったら、この「しない」、「あげない」、「わかろうとしない」、「正確さに向かわない」これらの「ない」で、できるけれど、単元全体を通すとどうなのでしょう。そこら辺はどのようにお考えですか。

「何もしない覚悟」というのは、放置することじゃないんです

甲斐　私が今回「覚悟」という言葉を使ったのは、自分の教師としてのあり方に一石を投じたいと思ったからでした。「短歌指導」とい

う言葉の背後には常に「作品」という概念がくっついてきます。この対談の中でも、短歌の汎用性の高さを述べましたが、短歌がいろいろなことに力を発揮してくれるからこそ、そのときそのときの状況によって「子ども」「短歌」「自分」の関係性を柔軟にしようと思いました。今回のオキナワの単元では、できあがる「作品」に意識が集中しないように、短歌だからこそ言葉が生まれてくるということをもっと大事にして子どもと接していこうと思いました。

「何もしない覚悟」というのは、放置することじゃないんです。子どもの選んだ言葉から出発する。今回はそうしてみるということです。単元が始まってから子どもたちの中に言葉が溜まっていくようにと、写真を見て話し合ったり、生まれてきた感情に言葉を与えてみたり、写真を一枚指定して、その写真を元にみんなで短歌を作り、コメントを交流する練習のような場も設定しました。そのような導入的な学びを経て、自分のテーマを設定し、資料を読み込んでの短歌作成に入りました。そのときの「覚悟」がお示ししたものです。自分には「見守る」「待つ」ということがなかなか出来ていなかったという反省も含めて覚悟したことでした。その子の今、感じていることに、あるいは今、言葉にしようとしていることに、こちらの意図とか、アドバイスのようなものは入れない方がいいと思ったのです。もちろん、助けてと乞われれば応えますし、子どもとの対話の時間が減ったわけではありませんでした。

話が少し飛んでしまいますが、短歌に関わる実践を思い出してみると、いわゆる「短歌を学ぶ」ということと「短歌で学ぶ」ということがあるように思います。「短歌を学ぶ」であれば、例えば、正岡子規や与謝野晶子や俵万智の短歌を使って、「これすごい名歌って言われているけど、何で、名歌なんだろうね。じゃあ、十分間トーク」とか言って、みんなで、こういうことだから、名歌って言うんじゃないかと、ああだこうだと話し合います。そのときに「リズム」「作者の視点」「情景の切り取り方」「表現技法」など短歌にまつわる言葉を用意しておいたりします。

子どもたち同士でディスカッションしたりしながら、その中から出てきた語彙とかを、黒板に書き出して眺めてみたりする。短歌を客観的に見ていく視点っていうようなものを表す語彙を増やしていく。そうすると、子規がどういう思いで、どんなことを表したくて、この言葉を使ったんだろうかっていうようなことにも思いをめぐらせるようになるんですね。

友達の作品で話し合う、気に入った短歌を持ち寄って語り合う、よく分からない短歌を選んで話し合うなど、短歌自体を材料にすることで短歌の持つ魅力にも気づいていきます。また、短歌の批評を読んだりすることも手応えのある学びになります。創作っていうこと以外に、そういう活動をいろいろ入れ込んでいくことで、歌を作るっていう土壌作りみたいなものができるんじゃないかなっていうふうに思います。柳原さんの本にある歌会はほんとにいつでも盛り上がりますね。子どもたちの好きな時間でもありました。

望月　松平さんも主宰者として指導もするんですよね。

松平　はい、もちろん。

望月　具体的にそういうところもちょっとコメントしてください。

短歌で思いを表現しようとする人は自分が当初は何が言いたいのかもやもやとしているんですもやっとしている感情や思いをまとめ上げていく

松平　私の場合は、対象が大人ですから、子どもとはやはり違うと思います。それを前提として話を進めます。大人の場合、カルチャーセンターや地域の短歌会に入って学び始める人のタイプは、大きく分けて二通りです。一つは短歌でもやろうかのタイプ。時間があって、何か教養がつきそうだから。モチベーションは強くないけれど、友達ができればそれでいい、と。二つ目は、読書が好きで何か言語表現がしたいという、主体的で意欲を持って関わるタイプ。かつて万葉集が好きだったとか。

やはり、二番目の人は、取り組み方や熱心さが違いますよね。図書館で歌集を手に取ったり、短歌総合誌を書店で購入したり、新聞歌壇に投稿経験があったり。一般にはその上で、短歌結社や同人誌に入ってさらに自分の作品を磨こうとする。

私は『プチ★モンド』という歌誌を三十年ほど発行しています。長く続ける人はもちろん上達しますが、上達とは言葉の扱いの技術のことだけを指すのではなく、自分が何を言葉で表現したいのかについて、より早く分かるようになることだと思います。短歌で思いを表現しようとする人は、自分が当初は何を言いたいのかもやもやとしているんです、大体。もやっとしている感情の動きに、日本語という言語を与えて、なんとか一つの詩の形にまとめる。うまくいくと、すごく快感を覚えるんですよね。「私が言いたかったのはこれだった」というように。

翻って、それは、子どもも同じだと思うんですよね。もやっとしている感情や思いをまとめ上げていく。その意味においては大人も子どもも共通するのかなと思いました。

添削とはどういうものなのか、他の人の意見とはどういうものなのか、結構、面白い問題になる

望月　一応、この第一冊目において、中心であったカウンセリング、添削のようなものを否定するわけですよね。否定するというより、飛び越えて、飛び越えちゃうんですよね。そういう点はどう考えるのか。甲斐コメント、松澤コメント、聞いてみたいんですけど。

甲斐　中学生だと、ここは、こういう気持ちなんだけど、これじゃない言葉で、書きたいんですよ。どんな言葉がありますかと、自分から聞きに来るというときのタイミングで、コメントするということはあります。「こういう言葉がある、こういう感じの言葉がある」と言って、即興で用例を伝えてみたりします。「類語大辞典をちょっと引いてみようか」と言ってみたりもします。そういうふうに、自分から、求めてきたら、それはちゃんと伝えたいなと思っています。カウンセリングがいいかどうかという結論があるわけではなくて、そのときそのときの目標や子どもたちの状況などにもよるのではないでしょうか。

望月　その飛び越える、飛び越えたあたりを松澤編集長はどう考えてるのかな。一冊目の中心、中心部分でもあるんだよね、カウンセリング。

松澤　実感としては、子どもが作り始めたとき、何を言っても子どもは聞いていないですね。自分の世界で、自分を見つめて集中して作っているので。だから、私は、歌会の中で、学級全体で、お互いの作品の良さを見つけ合わせたり、隣の友達の作品を見合って交流させたりして、友達同士の気づきが、カウンセリングになるようにしています。
こちらからあえて仕組むこととしては、提示された作品の良さをみんなで見つける活動で、その学級に、取り入れてほしいなという短歌を示すことですかね。みんなで良さに気づくことで、何かヒントを与えるような。一人一人に何かを言うというよりは全体で確認する感じが多いです。そうすると、それを取り入れようとする人は取り入れ、取り入れない人は取り入れないわけですが、その程度に留まっているなと自分では思います。

望月　実は、今日、終わったところでお渡しする予定ですけれど、第二集の「解説」を書いておりまして、その「解説」の中で、柳原さんが、自身の短歌カウンセリングを否定している、否定したところに触れているんです。で、一応、「解説」で引いております三つの例を示します。どれがいいというのではありません。

一つは石川啄木の例です。石川啄木って、これは松平さんが詳しいんですけれど、与謝野鉄幹に見いだされた人です。ものすごい目利きだから、与謝野鉄幹は。作品そのもので魅力を発揮した与謝野晶子とは、そこはちょっと違っていたね。実際、鉄幹に見出された秀才達が、いっぱい世に出て行くんですよね。啄木は最初は見いだされた。それなのに、やがて、鉄幹って古いなと言い出す。どうも、その辺りから『明星』の世界から出て行った。そして、『明星』に掲載する作品は、鉄幹は主宰者ですから、見て手を入れる訳ですが、それに対して啄木は、鉄幹が直してた作品は、「感情がみんな死んでいる。」って言って、ほぼ全面否定するんですよ。馬鹿っていうかわからないしょうがないよね、よくあんなに恩になった人を、あれだけ否定できるよなあと思うんですけど。ものすごい有名な話ですから、省く訳には行かないでしょう。啄木はそうやって鉄幹から離れていく。いいか悪いか別にして、そういうふうに、添削全否定の場合もあるんです。

松平　全部で三つ紹介してるんですけど、二つ目は、添削全肯定。岩手に優れた歌人がいるんですけれど、私が知っている範囲では、柏崎驍二、優れた歌人だと思ってるんですけど。本当に優れた歌人です。
柳原　柳原さんは柏崎驍二さんをご存知ですか。
松平　はい。
松澤　ああ、ご存知ですか。嬉しいことです。
松平　いいえ。
望月　あ、もったいない。
松平　岩手県立盛岡第三高校とかでも教えていたかな。
二〇一六年四月に白血病で亡くなりましたね。最後の歌集『北窓集』は斎藤茂吉短歌文学賞を受賞されました。東日本大震災の被災体験も詠まれ、心に沁みましたが、それだけでない、人間の根源的な哀しみを緻密に表現したとても優れた歌人です。もっと活躍できたはずの歌人だったのですが。

望月　ですね、はい、そうですね。ええ。お宅が拙宅から直ぐそば。柏崎がどう言っていたかというと、あっ、松平さんが嘗て所属していた「コスモス」に所属していた、今、日本で一番大きな結社です。

松平　現在は一番の大所帯ではないかもしれません。

望月　違ったんですか。今はどこなんですか。

松平　今は「未来」か「塔」ではないかと。（＊望月が『短歌研究年鑑』等で確認した範囲では、やはり『コスモス』が最大で、『未来』や『塔』とは、大分離れている。）。

望月　そこは、そういう大きな歴史があって、そこに参加していて、そこに宮柊二っていう主宰者がいたんです。で、脱線すれば、その「コスモス」の事務所番のようなことをしていた学生時代の高野公彦（本名日賀志康彦）がいて、同級生でした。学生時代その大学で「短歌研究会」というのをやっていたことがあるんですけれど、高野はそのメンバーでもあったのです。そうした関係もあり、「コスモス」の青年部隊のような「グループ　ケイオス」（奥村晃作主宰）

というのがあり、高野に誘われて一時そこに草鞋を脱いでいました。そんな関係で「コスモス」事務所に押し掛けたこともありました。

話を添削の話に戻しましょう。

柏崎驍二は自分の作品を絶対師の宮柊二の添削通りに直すんです。もう宮柊二が直したのは絶対直す。それはもう、自分の作品である。絶対。ここは先生の手が入っているところであっても、その通りに直す。そういうふうに、教えを絶対っていう人もいる。だから先生に直してもらったのは、悪いとかっていう考えない人もいるんだということだよね。我々、学術論文の世界でも、結構直すこともあるよね。

次に私自身の場合をお話しましょう。

私自身は、都築省吾についていました。省吾は窪田空穂の門下ではメジャーだったのですけど。そこのお宅に行くとね、飲んだこともないスコッチウイスキーを飲ませてくれるの。もうこれにやられましたね(笑)。今思うとね、本当にね、スコッチウイスキーって日本のウイスキーと作り方が違うんだよね。（笑い）（※しばし酒談義となる。）

一応、短歌を持っていったら、なんて言ったかというと、「僕は立場上、これを直すけどね、主宰者ですからね、君、一応、立場上直すけれど、君、気に入らなかったら、自分が歌集にする時に、また直せばいいよ。」と、いつも言われたんですよ。だからそれは、そういうものかなと思って育った。当時は所謂「現代短歌」にかぶれていたから、結社誌『槻の木』の「月評」とかっていうのをやらせてもらっていた時があったんだけど、「都筑省吾作品はよく分からん。ちっとも面白くない。」とか書いて、さすが編集部に、そこはカットされたんだけど。（「写実短歌」とは何か。それは、どう読むと魅力が出るものかということも分かっていなかったから、面白くないのも当然であった。）

だから、まあ、また大きく言えば、そういう、直して気に入らなかったら自分が直す、そういう三つ目の立場があるということなんです。

そこをどう受け取って行くかということになると、これも結構面白い問題になるなあと。添削とはどういうものなのか、他の人の意見とはどういうものなのか、結構面白い問題になるなあと。

（根本的な物言いをすれば）人間の歴史を見ると、生命体が生まれたとき、他の生命体を取る、奪取する、だから、我々の今は、他の生命体を奪取して、生きているんだね。そういうふうにして繋がっている。（望月の近年提唱している「ベール（veil）・洗練（sophisticate）の法則」の一部である）ということから話さなければなりませんが、（※詳細は、第二集の「解説」を参照してください。）そんな話を言い出すというと、この後の松平コメントも今日中に終わらない（一同笑）。終わらないから、一応ここで休んで、四十五分から再開します。そこでは、学校教育では、短歌指導はどうするかっていうことで、そういうことについて進めていきましょう。

第三場

『小さな歌人たち　詠み手と詠み手を育む歌会のすすめ』を語る

望月　では、まず、さっきのラウンドで、言い残したことを、何でも構いませんから、自由に三分間ずつ。順番としては、甲斐、松澤、松平、柳原の順番で。では、甲斐コメント、お願いします。

一人一人の作品をブラッシュアップするために教師がいるっていうよりは、むしろそういう「他者」に出会わせる人として存在している

甲斐　あの、さっき言えなかったこととして一つ残っているのは、短歌の指導、短歌を味わったりする際に、何が一番要素としてあり得るかなと思ったら、本の中にもいっぱい出てくるんですけれど、「他者」っていう言葉だなって思うんですね。

それは、子どもの友達である他者だったり、先生であったり、正

岡子規だったり、俵万智だったりするように、何か短歌を味わったり、楽しんだりするその要素の中に、すごく「他者」っていうものの関わりが大きいと思います。一人一人の作品を何かブラッシュアップするために教師がいるっていうよりは、むしろそういう「他者」に出会わせる人として存在しているなあと。なので、子ども同士の歌会もそうですけど歌会だけじゃなくて、いろんな友達の作品に批評文を書く、ちょっと寸評を加えるとかいうことも含めて、自分以外のものに出会わせるっていうことを自分の教室では行ってきたなあと改めて思います。

望月　文科省の関連で啄木・賢治の番組を作ったことあるんですよね。元NHKのディレクターというのが参謀についていまして、そしたら、ちょっと音がするとだめなんですよ、いちばん癪にさわったのが、風が吹くと駄目なんですよね。こんなふうに（※外からのやわらかい風がカーテンをふわりとさせていました。）ちょっとの風でも駄目なんですよね。こっちは一生懸命やってるわけですが、もうなんか二、三回やるとね、発言する意欲なくなってきちゃうんですよね。それからね、テレビの大根役者などを見直しましたよ。彼等は、何回NGだしても関係ない、何度でもやるんだね。芸能人はしたたかなんですね。

なんか関係ない話でしたね。何度でも話してもらうことになりますが、では、松澤さん、どうぞ。

自分で気づいて、自分で直していくというような試み

松澤　短歌カウンセリングに関することですが、私としては、教師があまり助言をせずに、いろんな活動を通して、自分で気づいて、自分

で直していくというような試みを取り入れようと思っています。例えば、友達の作品の良さを見つけることで、自分の作品にもその良さがあるかどうか立ち返ることにつながり、「もっとこうしたい」とか、「あのよさを取り入れたいからこう直したい」とか、自分で気づかせていくということです。

自分で気づいて、自分で直すとなった時に、まあ、必ず直さなくてもいいんですけれど、そうなった時に、何か視点や観点をもたせなければ、自分で気づいて直すことにはつながらないと思うんです。そのために、様々な表現の仕方を子ども達に伝えていくということが必要になってくるんだなと感じています。以上です。

松平　子ども向けの短歌の公募をする自治体や団体は現在けっこうな数があり、いろんな賞があるんですよね。今回私が持参したのは明治記念総合短歌会の結果をまとめた冊子です。私もこれまで何回か選者をしてきましたが、大人だけでなく子どもの短歌も別枠で募集しています。子どもの短歌は学校単位でまとめて作品を送ってくるんですよね。そういう意欲や意識をもつ学校教員がいて可能なことですが、それって子どもにとってもすごく励みになるんですね。

昨年（二〇二二年）の開催時には、入賞した小学生がダーッと明治神宮の記念館の中に入り、一角を占めるほどでした。複数の選者のうち一人は、小中高一貫の女子学校の校長で、「子どもの短歌、僕にやらせて」と手を上げたので、それなら是非にと。確かに、子どもの作品の批評はうまかった。どこがいいとか、もっとこうしたらよかった、とか。このように、子どもの短歌を評するのが得意な歌人もいる。教育現場に長く身を置いただけのことはあるなと感心しました。受賞した子どもたちが親とともに来場し、賞状をもらって作品を批評してもらう。もう、ものすごく喜ぶわけですよね。

ちなみに私は今年（二〇二三年）一月に、熊本県の天草短歌大会で、大人と子どもの両方の作品を選びました。たくさんの歌の中にキラッと光るものがあると、子どもたちに期待したくなる。やはり嬉しくなるんですよね。

短歌を作るのは難しくないと柳原さんは書かれましたが、お考えのとおり作るのは易しいとした上で、どんな作品が優れているのか、どんな作品なら評価され表彰されるのかの分岐点、分別を明らかにするのは、案外と難しいと思います。決して容易ではありません。教師の側も短歌実作の体験を積み、良し悪しを見極める眼を育て、言葉でもって説明する力を養う必要があると思います。話は今回の座談会の最初に戻りますが、やはり歌人としての実績を積んできた現役の実力者を交えての勉強会を定期的におこなうことがあっても良いのではありませんか。添削を受けながら自ら成長する体験が、同時に子どもの短歌の成長につながると私は考えます。

望月　時間です。では、柳原さん。

子どもが自分が作った作品に納得しているのなら それがその子にとって、納得の作品なのだ

柳原　では、三つ。

一つは、他者ということについて。やはり子どもも、読んでくれる人もいるから、そして、「ここ、いいね。」というように言ってくれることで、自分では気づかない自分の作品の良さに気づいていく。読み手の存在は本当に大きいです。子どもにとっても。他の誰かに言ってもらうことが、他の作品の良さを見つけることにつながり、作品そのものの良さに気づく、ひいては作品の読み

方を自ずと身につけていくことにつながっていく。そういう意味で、歌会のような活動が、他者と自己（子ども）・作品を循環往復できる活動だと思っています。たとえ、歌会をしなくても、作品を作ったら、すぐに隣の人と見合うとか、そんなふうな場を作って学習させていくことがやっぱり大切だなって思うんです。また、短歌だから、互いの作品を見せやすいし、読みやすい、ですから、そういったことも意識していきたいなと思います。

二つ目は、短歌カウンセリングについてです。さっき添削の可能性っていうことが話題になったので、なるほどそうかとは思ったのですけれど。なぜ、私が短歌カウンセリングを、本当は、短歌カウンセリングは、自分では自分の「売り」だと思ってたのに、なぜ、もうやめようって思ったかというと、十何年ぶりで、花巻小学校の子どもたち、あの初めて一年生に短歌を作らせた時の子どもたちと会ったんですよ。その当時、いろいろな短歌のコンクールがあって、いろんな賞をいただいたんです。すごく喜んで、望月先生が主催のコンクールもあり、子どもたちと一緒に行って、表彰していただいたり…。その子どもたちと会った時のことなんです。

中村勇輝さんという子が、「先生、僕たちさ、岩手大学行ったよね。あそこでさ、賞状もらったよね。」っていう話になって、「ああ、そうだったよね。」「みんな、いい作品作ったよね。」という話になったのです。そのあと、勇輝さんがこう話したのです。「でもさ、その時さ、先生、俺、持ってったら先生さ、こっちの言葉はどう？って、先生言ったよね。」って。当時のことをちゃんと覚えていて自分はこういうふうな作品を作って持って行ったんだということを覚えていたんですよ。どんな作品か覚えているのって聞いたら、「確か、僕はこうこうこういう作品だった。でも、先生は『こういうのはどう？』とも言ってきたんだよね。それ聞いたら、それもそうかなって思ってさ。そして、賞もらったでしょう。「でもさ、先生、あの時さ、直さないので出したらどうだったんだろうね。」って、言ったんですよ。私は、もう、その日の夜は泣きました。ああ、本当だなあ、そのままでよかったよなあ。何てことしたんだろうってすごく思って、自分を責めました。もう、子どもが自分が作った作品に納得しているのなら、それがその子にとって納得の作品なのだと、初めて私は気がついたんです。十数年たって子どもたちの姿から学びました。

望月　これは、言わば、個の見解、個の意見をどう取り入れるかということなんだけれど、本当に「個の存在が絶対か。」というと、そう単純な問題ではないです。元々人間は、個で存在している。けれども、もう一つの側面もあって、今の学校教育は個を尊重するというのはね、マッカーサーの戦略でもあるんです。どうやったら日本人に、「公」ってものを与えずに、個だけに集中させるっていうのがマッカーサーの戦略です。で、彼の具体的に取った作戦は、３Ｓ（サンエス）と言って、スポーツ、セックス、スクリーンです。この三つは、その後の日本の政治や教育は、大体この大きな流れの中にあるといっていいね。

柳原　個と集団ですか。

望月　その集団のところは抜いちゃうんだね。集団、だから、国だね、国は考えさせないということ。そういうことと、自分が自分を評価するというのは、難しいんだね。まず自分の顔って見えないじゃない。鼻の頭ぐらいかなあ、自分でイメージできるのは。だから、自分で自分が本当に評価できるかというと難しいよね。

逆さまになりて湯槽を洗ふときわあんと寂しタイルの青さ

柏崎驍二　歌集『読書少年』（石川書房　一九八三）

というのは柏崎驍二の代表作（注）だと言われていた作品なんだけれど、いい作品だよね。彼と初めて会ったときにね、「これいいですね。」って言ったら、柏崎さんが、「僕は、気に入ってないんだよね。」って。「気に入ってないのに、みんなが、自分の代表歌だよ、代表歌だよ。」って、いろんな時に紹介されるから、しょうがないよね。注 消すこともできずに、自分の代表歌としてね。好きじゃないし、苦労して作った作品でもないんだよねって、言ってた。だから、そこは結構難しい。それは理論的にいうと、先程も言った「Intentional Fallacy（作品解釈において、作家の意図を絶対とする誤り）」に通じることになる。作家の言うことが絶対的に正しいかっていう問題になります。作家は、自身の作品の意味を本当に正しく把握しているかという問題にもなります。（コナン・ドイルが「シャーロックホームズの作家」と呼ばれることを嫌って、一度はホームズを死なせたが、読者の要望に抗しきれずホームズを生還させた例や『みだれ髪』や『赤光』を修正しようとして失敗した晶子や茂吉の場合も挙げられるでしょうし、啄木にしても、或る意味で軽蔑した短歌によって世間に認められたように、作家の思い通りに行くほど、人間の営みは単純ではないでしょう。）

注：例えば『現代短歌辞典』（角川書店　一九七八・九）において、恩田英明も「柏崎驍二」の項にこの作品を引いている。

柳原　どっちがいいということではないんですね。

望月　そうです。そういうことですね。で、この後は、主題に沿ってということになるんですけれど、元々、この座談会は、一応、ここでは、思ったように、言っといて、後で大幅に書き直すその素材なんだということで、要するに、自由に発言してください。次の五分、次のラウンドは、そこは自由です。

松平発言のように学校教育は何を、本当に何を必要とするかという、そこは省いちゃって、今後の短歌創作をどうするかに行って貰っても結構です。創作と言っても、色々な立場がある訳ですが、そこは、自由に。

順番は、同じく、甲斐、松澤、松平、柳原で、とにかく何でも五分、五分で、お願いします。よろしいでしょうか。

それでは、甲斐コメント、大丈夫でしょうか

甲斐　はい、大丈夫です。

望月　何か楽しみ。どうぞ

第四場

学校教育における今後の短歌教育　その一

短歌はほんとになんにでも使えるんですよね
学級経営にも道徳にも　これにもあれにもみたいな

甲斐

学校教育の中の短歌というものを考えてみると、いろんな可能性が見えてくるように思います。国語科では短歌そのものを味わったり、短歌を詠んで言葉を豊かにしていったりする事はもちろんのこと、短歌というツールを使うことでさまざまな学びを拓いていくことが可能になります。先ほどとちょっと重なりますが、短歌は、対象となるものやことの重要な部分に素早く迫っていく力があるのだと思います。たとえば、ある文学作品を読んで短歌を作ろうという学習を設定すると、子どもたちはたちまち主題に迫るような短歌の作品を作ることが出来ます。読解の授業をしていなくとも登場人物を短歌で活写することもできます。あらゆるものを自分ごとにするという力が短歌にはあるように感じています。深く自分の中に入り込めたり、作者の意図をものすごく深く理解したりできるようになります。ある意味、教室の中に万能選手がいるというようなイメージです。

そうすると、先ほども言ったオキナワの単元でも短歌は大いに子どもたちの心や言葉を活性化してくれました。今日は子どもたちがオキナワを題材にして作った短歌を持ってきたので、紹介します。インターネットの無料画像の中から二枚を選び、その画像に重ねて短歌を二首作りました。自分のテーマで調べたり読んだりしたことをもとに作ったものです。この短歌は、ひめゆり部隊の手記を読んだり、ガマ（洞窟）の集団自決に関する資料を読んだ生徒が詠んだものです。

叫び声あの子は一体どこですか枯れた大地と濡らす滴と
爆音と銃声にまた眠れずに起きることないあの子を置いて

指を折りながら、何かもう一心にそのときの情景を描こうとしている生徒たちでした。短歌で書くということで、かつて沖縄で生きた人たちと同じ場所に立っている、その空気を感じる、その空を見ている。その真剣な言葉を探す子どもたちの様子を見ながら、本当に短歌ってすごいなと思うんですね。感想を書いてくださいとか、意見を書いてくださいっていうのとは明らかに違う子どもたちの集中力がありました。リズムとか韻とか、いかに私たちの体に合っているかということを実感しました。短歌の持つ力を発揮できる場所がすごくチャンスとしてあるなって思っています。

短歌はほんとに何にでも使えるんですよね。学級経営にも道徳にも、これにもあれにもみたいな。そういう可能性みたいなものも広がっていくっていう感じが、私は短歌にはあると思っています。

望月　最初に言うのを忘れたのですが、今後の発言の時には、質問を入れてください。柳原さんは少なくとも甲斐さんに、それから松澤さんには、松平さん、松平さんには甲斐さん、というような進め方で。

じゃあ、次は松澤さん、お願いします。

子どもたちがお互いに、友だちが作った短歌から その子の言いたいことや気持ちを読み取り、そして それを分かってくれたその子は嬉しく思い、 そういう子どもたち同士の関係を短歌を通して作りたい

松澤　最初にお話した通り、短歌には、短歌以上の価値があるということを感じています。特に、歌会という形式が、子どもを育てるのにすごくいいというか、学級経営、学級づくりの中で、子どもたちを成長させてくれるんです。同じ学級の中の人が作った作品を使うということが、お互いを認め合うという関係作りの手段として、すごくぴったりだなと感じています。そのことを、色々な先生方に、見て、知っていただきたいと私も思うし、何かそういうものとしての歌会の、本来はそうではないんだと思うんですけど、そういう役目というか役割もあるなと思っています。
　子どもたちがお互いに、友達が作った短歌からその子の言いたいことや気持ちを読み取り、そしてそれを分かってくれたその子は嬉しく思い、そういう子どもたち同士の関係を、短歌を通して作りたいと思っていて。お互いを認め合える関係作りに、短歌作りや歌会がぴったりだと思って、やらせていただいているところです。以上です。

望月　では、ちょっと繰り返します。今後の発言の時には、質問を入れてください。柳原さんは少なくとも甲斐さんに、それから松澤さんには、松平さん、松平さんには甲斐さん、というような進め方でいきますので。
　では、松平さん、お願いします。

心情を盛り込むことができるということよりも盛り込むことで機能する

松平　短歌と俳句との決定的な違いというのは、やはり心情を詩の器に盛り込めるかどうかなんですよね。五七五の俳句にはそれは難しい。「悲し」とか「嬉し」などの形容詞を俳句に用いたとしても、短歌のような抒情性を帯びるかどうか。短歌は本来、抒情詩です。心情を盛り込むことができるというより、盛り込むことで機能する。詩の役割が短歌と俳句では違うんですね。

望月　はい、続いて柳原さん。

柳原　一つ目は、どの学年にも短歌と俳句の学習、難しいなら、せめて作品を紹介するといった学習にならないものか。今どういうふうになっているかというと、季節の言葉といった小単元になっていて、曖昧なんです。曖昧ってことは、どうにでも料理できるっていうことだから解釈のしようによっては、単元を改造してすればいいじゃないかということにもなって、自由に小単元を作って授業できるということにもなるんです。けれど、学年全体で取り組むといった時に、「自由に」であるがゆえに単元を作り直してできるときとできないときが出てくるのです。だから、短歌と俳句の学習が一年生から六年生まで、毎年、学習するっていうふうにならないのかということなんです。物語や説明的文章、詩が全学年にあるように。どのジャンルもフィフティフィフティなのですから、どのジャンルも位置づけられていて不自然ではないと思います。

二つ目は、短歌を紹介する学習場面があるとしたら、短歌を作る、あるいは俳句を作る学習場面が一年生から六年生にあるようになったらいいなと思うのが二つ目です。

（※一つ目と二つ目のことについては、もっと簡単に言えば、どの学年にも短歌俳句の学習単元が教科書に載っていたら、先生方は授業するだろうになと思うわけです。学年会で「短歌と俳句の単元をこんなふうにすすめていきませんか」と投げ掛けるのと「この単元に、こういうわけで短歌の学習をこのように取り組みたいけれどどうですか」と投げ掛けるのでは、かなり違うのです。私が知っている先生方は、誠実だから教科書に載っていることはしっかりと取り組みます。そして、誠実だから、教科書にない学習材となるととても慎重になります。だから、いつも思ってきました。どの学年にも短歌や俳句の学習単元があったらいいのにと。）

三つ目は、短歌と俳句といったときに、今いろいろお話くださったなかで、そうかと思ったんですが、私達の指導の仕分けっていうのをちゃんと勉強しないといけないなと思いました。混じって指導すると駄目なんだなとわかりました。

望月

四つ目は、タブレットを使ってもっと短歌や俳句などの学習を進めるということなんです。理由は、たくさんの作品をたくさん読めるっていうことがタブレットを使って学ぶ利点だと思うからなんです。

最後五点目は、今、話す聞く単元はどの学年にもあるんです。その題材に、その学習として、歌会を入れることが特別なことでもない、ごく普通のことになったらいいと、そんなふうに強く思っているというのが、五つ目でした。

以上の五点を考えました。やっぱり教科書にある以上、教科書にある教材をないがしろにすると大波をかぶります。しかし、教科書が全てではないし、いろんな教材があるから、いい教材の中から、子どもにいい学習をさせたいと思うのです。ですから、さっき言った五つのことを、何とか実現させられたらいいなあと思っています。以上です。

教科書のことはね、「私は使わない。」と公言することは、色々な影響があり、今の制度中では、そうすると大波をかぶる。僕の知っているところで言うと、高校でオール5をつけて実質上、馘になった友人がいましたが、これも教科書使用問題に通じるものです。今の制度の中での「正面突破」には色々な危険が伴う。教科書についても、生徒の実態に合わせた運用が大切だから、使用・不使用などについては公言せずに実質的に他の教材を繰り入れて行く、というやり方をする方もいます。

いずれにしても、（その時々によって、教科書以外の教材使用に関する行政の在り方にも変化はあるのですけれども）教科書の不使用を公言するのは、リスクが大きすぎると思います。だから、そういうことは、公言などはせずに、言わずにいて、自主的にやればいいんだというのが私の立場です。

それでは、次のラウンドに行きますね。次は、意見をたくさん仕入れておいて、それで、それぞれ質問をしてください。で、最低限、甲斐さんは松平さんに質問を入れてください。松澤さんの場合は、柳原さんに質問。松平さんは松澤さんに質問してください。柳原さんは甲斐さんに。でも、それにこだわりません。できるだけ質問してください。そして、その後は、出た質問に一つだけ選んで、答えてもらって、そうするとだいたい時間かなあ。一応、そんなこと考えていました。が、できるだけたくさん質問をしていただきたいと思います。じゃあ、甲斐、松澤、松平、柳原の順番で。

では、甲斐さんからお願いします。

第五場

学校教育における今後の短歌教育　その二

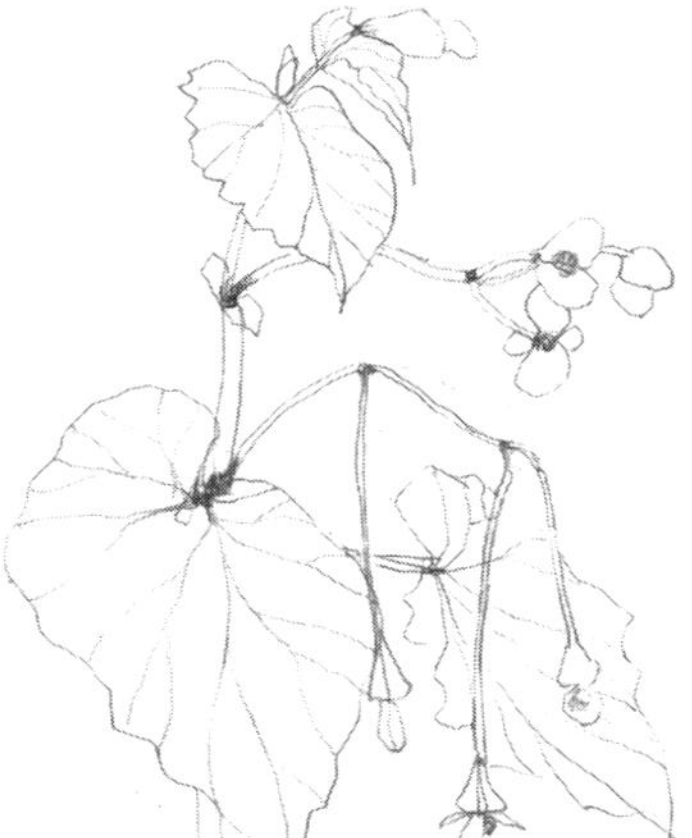

甲斐　子どもたちが短歌を作っている最中に、例えば、穂村弘さんの『初めての短歌』という本を、子どもたちと読んだりしたことがあったんです。その中で、穂村さんは最初に作った短歌を三段階で改悪していくということをやっています。短歌が魅力を失うプロセスみたいな感じでどんどんつまらない短歌にしていく。その一番良くない例には、悲しいとか嬉しいとかっていう言葉を使って書いてあることが多い。つまらない短歌とはこんなものというように、パターンとして示して詠んでいるんですよ。説明しすぎだね、みたいな。

俳句は、風景を切り取るというような前提があるから、何か感情を表す語彙を入れないで書くっていうのが、中学生にもあるようです。短歌の場合は、何かそういう心情表現みたいなものを、どんなふうに考えて作っていったらいいでしょうか。なんか穂村さんが示してくださっているのを読むと、嬉しいとか悲しいとか書いてあると、つまらない感じが紙面では出てくるんですけど、その辺のことについて教えてください。

悲しいなら悲しいって言っちゃっていいと思うんですよ
その後で、自分で気づいていくんですね
一つの気づきとしてあるならば、
それは一つの短歌のステップを踏んだことになる

松平　よくこういうことを言いますよね。感情をストレートに言う作品は底が浅いとか。そういう批評も受けがちです。ストレートな感情吐露が成功するときもあるけれども、稚拙に見えてしまうことは多い。うまくいっていないなっていう感じは確かにするんです。でも私は、それを言っちゃったら、短歌初心者はもう怖くて作れなくなると思う。感情を表す形容詞、たとえば楽しい嬉しい悲しい寂しいが言えなくなる。穂村さんの考えは、とてもよく分かるけれども、まず、悲しいなら悲しいって言っちゃっていいと思うんですよ。楽しいとか憎らしいとか。何でもかんでも、まずは吐き出してみる。

その後で、自分で気づいていくんですね。こんな生々しい表現しちゃった自分。多分、精神的に一ミリ二ミリと大人になるプロセスの途上なんだろうと思うんですけれども、感情のままに投げ出したように作った作品を、時間が経ってから見直すと、恥ずかしくなってくるですよ。こういう言い方をしなくてもよかったかなって。そういうふうに自ら気づいて別な表現に置き直していく。推敲ですね。言葉を置き直す作業が、一つの気づきとしてあるならば、それは一つの短歌のステップを踏んだことになるんじゃないのかな、っていう気がしますよね。だから穂村さんの提言は、一般例として考えればいいと思います。

甲斐　ありがとうございました。

望月　はい。松澤さんどうぞ。

松澤　柳原先生に質問ですが、話された五つの中の三つ目で、私たちに「指導の仕分けが必要だ」ということを話されていましたが、それについて詳しく教えていただきたいです。二つ目は松平先生に質問があって、短歌の良さとして、心情を盛り込めることであり、それが、子どものうちにできるならそれがいいのではないかとおっしゃられていたのですが、松平先生が考える子どものうちにというのは、どの段階の子どもたちなのか、そのあたりを教えていただきたいです。

望月　はい。松平さん。

松平　はい。早くから子どもに短歌を作るよう仕向けることは、詩の形に慣れるについて言えば賛成ですが、抒情詩の根源にある心情の襞を描くことは難しい。楽しい短歌、無邪気な短歌でひとまずは充分ですが、過剰な期待をするのはどうかと思います。自分の思いを言葉に置き換えるのは、表現力がまだ限定的な年齢の子どもには無理なところもある、そのようにわきまえておくくらいでよいのではないか、私はそう思います。ただ、体験の有無でいえば、あるに越したことはないでしょう。ごく一部の言語能力の高い子どもを除いては、ですが。小学生は入学したての六歳、七歳ぐらいから、十二歳あたりの六年生まで間に、心身ともに飛躍的に成長していきますよね。だから当然、低学年、中学年、高学年では短歌を学ばせるポイントは違うんじゃないかって、思うんです。そのポイントの置き方について、逆に松澤さんに具体的にお話していただけるとありがたいなあと思います。

それに絡めて言えば、甲斐先生には、先ほど沖縄の作品をお話いただき、とても感動を覚えるものがありました。

子どもは、置かれた環境・状況の違いや、さまざまな出来事に遭遇した瞬間に受けるインパクトのありようなどにより、それが強ければ強いほど敏感に反応し自分の内側に引き込んでしまう。

そして、内なるもやっとした強い感情に突き動かされ、できればそれを表現したいと感じる。そんな様々な心の揺れを子どもから引き出すために、今回の沖縄の歌をどのように生徒たちに作らせたのか、その秘訣というか手立てを教えていただきたいなと思いました。

柳原　甲斐先生に。松平先生のご発言と重なりますが、沖縄の学習のような単元を作る時、どういうところをポイントにして、単元を作られたのか、また、沖縄に限らず、あっこういう単元を作ろうとひらめいたりするとき、どういうことをポイントにするのかを含めて教えていただきたいです。

二つ目は松平先生に。俳句は心情を盛り込めないのですか、つまりそれは心情を表さないということなのかということををお聞きしたいんです。私は、先ほどの松平先生のご発言を聞いて「あれ？そうなんだ」と、今、初めて知ったんです。それで、こんな質問して、そんなの知らなかったの、と叱ってもらおうと思っています。

教えてください。以上です。

望月　はい。一応、出た質問に対して、答えてもらいます。が、出た質問のなかで質問の確認が必要であれば、「質問の意味が分からなかったのですが。」のように聞いてください。よろしいでしょうか。では、五分ということで、進めます。

じゃあ、甲斐さん、お願いします。

「心が動いたときに生まれる言葉」に意識を向けるという試み

甲斐　私の両親は沖縄に隣接する鹿児島県最南端の与論島という島の出身です。沖縄と与論はいろいろな面で共通することが多く、沖縄文化の中で育ったと言ってもいいと思っています。大勢の親族たちが一堂に会して神事を行ったり、宴会をしたりするのが日常の風景でしたし、先祖を敬う気持ちや命を宝だと思うことも共通していました。大人になって「沖縄戦」を知り、きちんと向き合いたいと思うようになったんです。ヒロシマ・ナガサキと同じようにカタカナで表記されるオキナワのことも子どもたちと語り合えたらいいなと。

若い頃は戦争を「むごい出来事」として伝えることを目標にしていたように思います。「むごい」が伝わるためには、子どもたちが知らなかった衝撃的な映像を見せたりして。でも、それはただ子どもたちを驚かせるだけでした。確かに驚かせることで子どもたちの心には強い感情が生まれたと思います。「ひどい」「悲惨だ」という思いや言葉が浮かんだことでしょう。しかし、それらの言葉には圧倒的な強さがあり、そこに生きていた人々のさまざまな思いや悲しみや怒りや悔しさもすべて飲み込んでしまうようでした。もっと自分たちと同じように生きていた一人一人に向き合い、その人たちの言葉や声に耳を傾けるような時間をつくりたいと思いました。その願いを込めて単元名を「オキナワ〜声なき声を聴く～」にしたんです。

今回のオキナワの単元で最初に使ったのは一枚の写真です。アメリカ軍に捕らえられた三人の日本人の捕虜たちです。左から年齢が書かれています。七十五歳、十三歳、十六歳。無表情な三人の捕虜たち。後ろにはこの三人を遠巻きに眺めている大勢のアメリカ兵が写っています。緊迫感はありません。静けさを感じさせる写真です。足元には塹壕らしきものがあります。三人は同じ服を着ています。それぞれの服にはＭＰ（捕虜）という字が見えます。この写真をめぐってどんな事実が読み取れるのか、気づいたことをたくさん出してみよう、そして、思ったこと、考えたことを語り合おうというものでした。

それは、「心が動いたときに生まれる言葉」に意識を向けるという試みでした。自分は今何に心が動き、どう思っているのか。自分の中に芽生えた感情に言葉を与える時間です。芽生えたばかりの感情は荒削りで、漠としていて、でも、力があります。だからこそ、それに言葉を与えてみる。そして、他者と共有し合い、自分の感情や言葉と再び向き合います。衝撃的な映像だけでは生まれてこない感情や言葉に出会えるようにと写真を選びました。結果としては、驚かさずに、ぐっと入ったという手応えがありました。子どもたちが何か悲惨なものを見て、「ひどい」「二度と戦争を繰り返しちゃいけない」みたいなことに直結するようなことじゃなくて、人間という存在に収斂していくような授業にしたいと思いました。起きた事柄と同時に、常に「人」に心を寄せて言葉を学んでいくようにしたかったのです。

子どもたちは「うちのじいちゃんと同じ七十五歳だ」「十三歳って何。俺らより、もっとちっちゃいじゃん」「アメリカ兵も、怪我している」「なんで土が掘ってあるの」「どんな気持ちで写真に写っているのか」というような会話をしていました。この会話の後に、「ちょっとだけ解説するとね」と言って、「捨て石」という言葉を紹介しました。元沖縄県知事だった大田昌秀さんの言葉を引用しながら説明しました。沖縄の置かれていた立場というか、本土との関係性にも触れておきたいという思いがありました。最後の最後まで命を捨ててでも、戦えという命令が兵士たちだけでなく、沖縄県民全体に出されていました。その背景が「捨て石」という言葉に象徴されていると思います。この解説の後に、「では、あと十五分だけど、短歌を作ってみようか」と投げかけました。子どもたちは戸惑いながらも指を折り始め、言葉を探し始めました。このとき、「短歌」というものの持っている力をあらためて実感できたように思います。短い時間でしたが、単元の始めの部分で、子どもたちは学習全体の方向性をイメージできたと思います。何かの情報を得て生まれてきた感情をとらえようとすること、それを言葉にすること。短い時間で完成した短歌は全体で十首にも、満たないものでしたが、「つくる」という時間そのものに意味があったなと思いました。

このあと、子どもたちは自分の学びたいテーマを設定し、いろいろな本や資料にあたりながら問いを立てて考えを深めていきました。「短歌」という素材は、心の奥深くに確かにある幽かな情景や思いに光をあててくれるものだと思いました。いうなれば、人の思いに収斂していくものだと思うんです。言葉を生み出してつながろうとした人間に備わっている本能のようなものを起動させる力が短歌にはあるのではないでしょうか。松平さんの言うように子どもたちは「何とか表現したい」という思いでつくっていたと思います。

望月　「単元学習」って、実は三人もよく知らないと思われますから、いわゆる、あの「甲斐単元学習」、「大村単元学習」、それは、どういうものかを。簡単に説明するのは難しいと」思いますけれど説明を加えてください。

甲斐　ひと言では難しいです。ずっと前の明治時代から行われてきた「一斉授業」とは異なるものです。知識を伝えるには「一斉授業」は効率的ですが、「単元学習」が大切にしているのは知識の伝達ではありません。何かの「正解」に向かっていくものではなく、「子ども自らが自分の学びたいことに向かう」ものです。よって、ひとりひとりが立ち上がってきます。このことは、教える側にも言えることで、教師自身が「子どもたちと一緒に学びたい」と思うことに向かっていく授業です。よって、「大村単元」「甲斐単元」のようにひとりひとり違う形で授業が作られていきます。とらえにくい授業スタイルです。やはり、説明できませんでした。すみません。

望月　これも詳しく聞いていると、帰れない。後で、夜に皆さんでやってください、「単元学習」って言葉はみんな知っているんですけども、結構、「大村はま単元学習」、「甲斐単元学習」の意味とか、多くの人は知らないんじゃないかなあと思っていますけど。繰り返しておきますが、これ以上はやりません。
　はい、それじゃあ松澤さん。

松澤　低中高学年での指導におけるポイントの置き方ということで、

低学年の指導の経験がなく、中学年、高学年での少ない経験の中での話になるので、足りない所だらけとは思いますが…。

私の感覚だと、中学年は、作るとなったらすぐに勢いよく、楽しく作っているなと思います。でも、高学年になると、作るということを難しく感じるようで。だから高学年は、自分をさらけ出すまではいかなくても、とにかく、「何でもいいんだよ」とか、そういう言葉で安心感を与えて、「何を書いていいか分かんないよ」っていう心をほどいていくことが大事かなと思います。「立派なものじゃなくてもいいんだよ」とか、「思ったことそのままでいいんだよ」と、伝えながら作らせたという感じです。作品に落とすところを丁寧にやっていくというのがポイントなのかなと自分では思っています。

逆に中学年は、どんな質のものでも作ることに喜びをもって作る段階なのかなと思っています。意外と中学年の方が、ちょっとした技、例えば、繰り返しとか、そういうテクニックを知ると、使ってみたいと思ったり、素直に試してみよう思ったりして、さらに作る印象です。とにかく手あたり次第に作るイメージなので、字数が合わなかったりもします。ですので、できた作品を、ちょっと立ち止まって、自分で見直すというところに指導の重点をおいていくのがいいのかなと思います。そういったあたりが、自分の経験の中で実感していることです。

望月　松平さん、聞こうと思ったことについては、いいですか。

松平　そうですね。大体はわかりました。より具体的な例があればありがたいですね。抽象的な説明では伝わりにくく、それは仕方ないかなと思います。

望月　そうですね。だから本当は、具体的な例が出てきてね、ここのこういうところが、いいねというふうに言えるといいですね。

松平　やはり一般的な意味で男の子と女の子は生物的に違っていて、子どものころは男の子の方が幼いですよね。思春期を迎えるまではだいたい男の子の方が幼さが残っていて、女の子の方が多感。ジェンダーの問題に触れるデリケートな部分もありますが、私は女の子と男の子に対してのアプローチは少し違うんじゃないのかなっていう思いも払拭できない。

望月　巨視的に言えば、女性の文化の方が高いでしょう。そして、女性の方が強いのです。だから、多くの種では、弱い男性種は多く生まれるのです。河合隼雄流に言うと、なんだかんだ言っても男性は早く死んじゃいますからね。はい、じゃあ、松平コメント、お願いします。

松平　いただいた質問に対して、まず俳句と短歌の違いですけれども、先ほどお話した通り、短歌は抒情詩です。もうこれは万葉集以来の和歌文学の普遍的な認識ですね。万葉集の部立は相聞・挽歌・雑歌の三つ。平安時代には古今和歌集が成立しますが、二十巻のうち春夏秋冬と恋だけで十一巻もあり、それらが日本人の美意識の中心に据えられていきます。季語といった概念はありません。源氏物語は平安文化の最上なる所産で、四季をめで男女の恋を尊ぶ価値観は揺るぎのないものとなったわけです。近代以降は、誕生から死に至るまでに人間が味わうあらゆる体験と、その折折の感情のすべてを四季の移ろいを交えつつ描くことができると理解されています。許容度の広い表現を可能とする、ゆえに短歌に季語は必要ないのです。

それに対し、俳句はご存知のとおり、俳諧連歌から発句が独立した形で洗練され、時代も下った十七世紀になって芭蕉により完成された最小の詩形です。短い詩を成り立たせるために俳句は季語を必要としたわけで、いわば約束ごとですね。季語を介在させることで詩の磁場は強烈な季節の制約を帯び、空間的な把握を読者に求めるようです。

俳句の詩型として、川柳があります。川柳はおちゃらかしの可笑しみや世相へのからかいの表現というイメージがありますが、近代以降の川柳は、むしろ社会批判や反権力的な主張を込める硬派の詩としての側面を持つことがありました。

先ほど、戦争の話があったので、ふと思い出したのは渡辺白泉という俳人の有名な作品です。

戦争が廊下の奥に立っていた　　渡辺白泉

気が付けば行く手に戦争が待っている、そんな恐ろしい予感が詠まれていると私は理解しています。二〇二二年二月のロシアによるウクライナ侵攻以後、世界不安は一気に高まってきました。日本を取り巻く中国の脅威、北朝鮮の挑発も、私たちを未知の恐怖に導いていきそうで、この句は遠い過去の俳人の直観とだけ言えるのかどうか。ゾクゾクっとさせるようなところがあります。

それから、もう一句、鶴彬の作品を。この人は川柳作家とされますが、私は俳人でもあると思っています。近現代の川柳は非常にレベルが高いんです。鶴彬の有名な俳句に、

手と足をもいだ丸太にして返し　鶴彬

戦争の悲惨さをこれほどまでに剥き出しの迫力で訴える作品は、あまりありません。戦地から生きて帰れるのは、手や足を欠損して丸太のような体になってからでないとだめなのだ、と。痛烈な皮肉ですよね。感情を内側に深く押し殺した怒り、悲しみ、やるせなさが伝わってきます。短歌にも反戦的な作品は多くありますが、この作品の匕首のような鋭さはないかもしれない。短歌はもっと抒情的な部分があるからです。

ご質問へのお答えは以上で良いでしょうか。

松平　いいえ、どうぞ、まだ時間はあります。

望月　他にはどのようなものがありましたっけ。

甲斐　甲斐先生からのご質問でしたか。

望月　穂村さんを例にした、でもお答えいただきました。

望月　では、いいですね。詩の学問で言うと、問題になるのは、多分、心情の定義ですよね。心情という定義。これは、まだ、詩の学問の方では、決着していませんね。決着していませんので。私なんかの知識では、そうした方面では「認知詩学」という領域がありまして、その賢治作品への援用についても大野眞男「『春と修羅』第一集における括弧表現と語りの複層的構造に関する一考察」、『賢治学＋』第3集（岩手大学人文社会科学部宮沢賢治いわて学センター、二〇二三・六）一〇一〜一一八頁、などの例があり、そのあたりも相当な展開があるのですね。

松平　私には幸いなことに何人かの俳人の知り合いがあります。宮城、岩手なら高野ムツオさん、照井翠さん。東日本大震災の苛烈な経験をまとめたお二人の句集は、短歌とは違う方法論による悲哀や苦悩の表現をもち、感動しました。私にとり、俳句から受ける感動とはどのようなものかを考える契機となりました。高野さんは現在、北上の日本詩歌文学館の館長をなさっています。

一方で、長谷川櫂さんというやはり著名な俳人がいらっしゃいますが、長谷川さんは、東日本大震災で受けた衝撃を、なんと短歌にまとめて歌集を刊行された。これをどう受け止めていいか、俳人、歌人の両方で論議になったのを思い出します。

望月　ある会に、長谷川さんを呼ぼうとして、長谷川さんも行きたいと言ったんですが、日程が合わなくて。

松平　ああ、そうでしたか。それは残念でしたね。

望月　はい。じゃあ、柳原さん

柳原　松澤先生の質問は指導仕分けについてでしたね。今、松平先生に、お話いただいたことで、再び迷っているわけですよ。それは何かというと、さっき俳句には心情の盛り込みがむずしいという話がでたときに、よしって思ったんです。

どうしてかって言うと、いつも俳句と短歌は、セットになって、子どもたちの前に登場することが多いのです。俳句に心情的なものを盛り込むことがむずかしいのならば、俳句を作るときには、「見たままでいいんだよ」「聞いたまま五七五にしたらいいんだよ」というふうに子どもたちに言えるなと思ったんです。今までは、俳句と短歌の違いを、俳句は季語があるよ、短歌は季語はないよ、その違いだよっていうふうにだけ教えて来たんですよ。というより、そうしか教えられなかった。どうしてかって言うと、どっちにも心情が入ってるもんだと思いこんでいた、というより、あまり厳密に考えていなくて、実践してみて、子どもは思ったことを詠むということの確信だけを思っているものですから。だから、よし、分けて指導することができると、自分で、もやもやしていたことがすきっとして、よしって思ったんです。でも、やはり、俳句からも心情は伝わる、どうやって指導を分けようと。さっきはすごく単純に、俳句の時は見たまま聞いたまま、そして短歌のときは思ったことを、そのように分けて、子どもに指導していけばいいと思ったんです。が、また、迷うわけです。ですから松澤先生の質問に、今は答えることができなくなりました。でも、とても勉強になりました。

松平　そうですか。なるほど。

柳原　ただし、心情の現れ方が違うんだなということが分かりました。作る時は、違っても、読み手に伝わる心情があるということも分かりました。先ほど松平先生が出してくださった具体的な作品でわかりました。何か俳句には衝立がありました。衝立を経て感情が伝わるというか。でも、短歌にはそういう衝立はない感じがして、なるほどと思ったんです。

（※座談会後、はっきりしたのです。俳句から伝わる心情は読み手が作品から受け取るものであるということを。だから、柳原が直感した「仕分け」は、それほど無理なことではないと。）

松平　俵万智さんの短歌の作り方について書いた岩波新書がありますが、心の揺れを言葉に表すのが短歌ですといった内容があったと思います。心の揺れとは、抒情の発露じゃないですか。俳句では

望月　どうか。感情という言葉を用いて句作のモチベーションにすると私はあまり聞いたことないかな。俳句は発想を言語化するに際して知的処理があり、理による判断が加わる気がするんですよね。

松平　例えば、金子兜太作品で言うとどうなりますか。

望月　ああ、原爆をテーマにした俳句でしょうか？

湾曲し火傷し爆心地のマラソン　　金子兜太

松平　でも、彼の「わが湖《うみ》あり日蔭真暗な虎があり」なんか抒情的だなと思うんですけど。

望月　すみません、よくちゃんと聞こえなかったのですけれど。

松平　「わが湖《うみ》あり日蔭真暗な虎があり」

望月　その句は残念ながら存じません。「湾曲し火傷し爆心地のマラソン」かと思い込んで早とちりしました。あ、これは抒情的な句なんですかね。

望月　いや、だから、松平さんの言われる「抒情」を確認したいですね。

松平　怒りや憤りといった心情的なものが比喩として託されている、ということでしょうか。いわば喩ですよね。

望月　だから、そこも、喩の定義の違いですね。

松平　はい、喩でしか言えないという判断がそこにはあると思います。

望月　くり返しますが、そこもね、「詩」の定義は、詩の学問の方では、揺れている問題なんですよね。簡単ではないなというところです。

このラウンドの最後はね、松平さんに、本当に非常に優れた『親子で楽しむこども短歌塾』（明治書院、二〇一〇）という御著書があるので、ちょっとコメントしてもらって、五分ぐらい。そして、休みにしたいと思います。

松平　『こども短歌塾』（明治書院）は、二〇一〇年刊行。もうずいぶん前に出した本です。今回の座談会の件で、そういえば、私も子どものための短歌の本を書いたじゃないか、と不意に思い出したのでした。

版元の明治書院は、社名通り、明治時代に出来た出版社で、国語科の教科書も作っています。『こども短歌塾』は「こども○○○塾」シリーズの一環。短歌の基本的な知識や、詩の特徴を親子で楽しむというのが目的の主眼です。私は小学校で教えたキャリアがないから不安の方が大きかったけれど、今にして良い機会をいただいたと感謝しています。

望月　さて、最終ラウンドとしましょう。五分間ずつと言っていますので、甲斐、松澤、松平、柳原の順で各々思いの丈をお願いします。

甲斐　このお話をうかがったとき、最初に思ったのは「困ったな」ということでした。全くの素人だし、短歌に関わる実践はしていても、短歌そのものについては何も語れないだろうと予測できたからでした。

しかし、この機会を逃したらいけないという思いも一方でありました。自分は短歌というものをどうやって学習の場で実践してきたのか、なぜ短歌を学習の素材として取り入れたのかということに向き合ういい機会になるという予感がありました。そこで、この機会にあらためて子どもたちの学習記録を振り返ってみたんです。すると、いろいろなことに気づきました。

もうずっと前のことなのにそのときの子どもたちの表情が浮かんでくるんですね。子どもたちが自分の心の中にある言葉と向き合っている空間をこころから楽しんでいる自分も見えました。自覚はしていなかったんですが、短歌は子どもたちが、自分の心の中で起きている、その時々の気持ちを言葉にする原動力になるということ。「よく思い出して」「深く考えて」なんて余計なこと言わなくてもさっと自分のこころと自然に向き合っている。そういう力が短歌にはあるのだと気づきました。自分の実践を振り返ると短歌という素材に助けられたことが多くあったのだとあらためて思いました。

また、短歌を読むときも同じ現象が起きます。「短歌を味わう〜石川啄木の世界〜」という単元を相当若い頃にやったのですが、本当に楽しい時間でした。石川啄木がどんな思いでいるのか、何を表現したかったのか、そんな啄木を自分はどう思うかなどをいきいきと語り合う子どもたちの姿を思い出しました。「短歌」があると、そこには対話が生まれていたのです。教師である私と生徒、生徒と生徒、それぞれが言葉を交わしやすくなります。私もこうした短歌の持っている機動力というか、そういうものを信じて、長い間やって来ていたんだなあとあらためて思いました。

さきほど「オキナワ〜声なき声を聴く〜」という単元でも短歌を素材にしたことをお話ししました。子どもたちはオキナワの状況を知れば知るほど言葉を失っていったように思います。自分の思いや考えを手探りしながら、ものすごく苦しそうでした。「言葉になんかできない」「自分の語彙力では表現できない」と。それでも、指を折りながら懸命に言葉にしようとしている姿は忘れられません。

こうした経験からも、短歌は、言葉を生み出そうとする力を我々人間に与えてくれるものだと今は思っています。

望月　「短歌の力」とその学校教育における可能性の問題ですね。関連して、現在の学校教育における主流である「事実に基づいた短歌」について触れておきましょう。正岡子規などに引っ張られた明治以降の短歌というのは、（それは短歌の全てではありませんけど、）どちらかといったら、それまでの「和歌」の歴史に逆らうこともあり、狭い、実生活の事実をもとにしている、実生活に密着させた作品を正岡子規などは、敢えて創ろうとしたのだと私は思いますが…。まあそれはさておいて、では松澤さん。

松澤　私は二つ。一つは、歌会ってやっぱりいいなということと、あとは自分が指導者として、ということです。

歌会はやっぱり、その形式が、子どもたちの心を育てるという上で、すごくぴったりだなと思っています。子どもたちが歌会を通して友達と一緒に成長していったり、短歌を通して改めて友達を見た時の気づきの時間を充実させたりしていくように、歌会をしていきたいなと思いました。

あとはやっぱり、松平先生の話を聞いて、自分自身も、現代短歌を勉強して、子どもの短歌の見取りを深めるようにしていかなきゃいけないなと感じました。

その一方で、そこまでの域に達していなくてもできるのが、この本で紹介されている歌会だなとも思いました。私のような専門外でも、私のような教師でもできたので、この二冊の本が、私のような人のもとに広がってくれればなと思っています。そして、私は継続して歌会の活動を取り入れていきたいと思いました。

望月　松平さんも言っていたけれど、あの、松澤編集長…馬を鑑定する人を伯楽っていうでしょ。諺にもあるように「千里の馬は常に有れども伯楽は常には有らず。（名馬はいつでもいるけれど、それを見抜く人はいつもいるとは限らない。）」ですね。だから、伯楽が実際にいたことになるね。

次、松平さん。お願いします。

想像力豊かな子どもたちがいるのに、日常の延長だけの作品を短歌に求めるのは、表現者としての子どもの成長を止めさせることにならないかとも思うのです

松平　言語能力の高い子どもって、何十人、何百人のうちに必ず一人はいるんですよね。そういう子どもが短歌に興味をもったとして、その才能を伸ばすにはどうしたらいいのか。これは大きな問題だと思います。

では、何が必要なのか。そんなことをもう一つの新しいテーマとして進めていただきたいなというふうに考えます。せっかく興味を持っても、今の時代、他に面白いことはたくさんあります。興味が移っていったり、十分伸ばせないまま忘れてしまうこともあるんじゃないかな。

たとえば、ゲームの世界を覗いて驚くことがあります。昨今の子どもを取り囲むゲームの世界は非常に多様で非日常的、時空間を大胆に飛躍している。そこに没入する子どもたちは、ものすごく想像力豊かなんですよね。こんなに想像力の豊かな子どもたちがいるのに、日常の延長だけの作品を短歌に求めるのは、表現者としての子どもの成長を止めさせることにならないか、とも思うのです。

（このあと松平先生は、本の編集についてもご発言くださいました。それを受けて次の望月先生のご発言があります。）

望月　この「編集」という営みも本当に面白い論点です。その「編集」について、日本の近代で理論的に一番早い定位は、外山滋比古の『近代読者論』でしょう。その外山に学生時代「英語」を教えて貰いましたから、今の松平さんのお話も非常に分かるところがあります。

編集者ね、プロの編集現場の人って本当に能力ある人っているよね。個人的な体験を話すと、私は、明治図書出版でお世話になったことが非常に多かったのですが、「校正」などで、編集部の人達が言ってくることの九五パーセント以上は彼らの言うことが正しくてね、私の体験でいうとね。色々あるけれどもね。作者（筆者）と編集者との兼ね合いっていうのは、ものすごく難しく、また興味深い問題ですね。

はい、柳原さんといきましょう。

柳原　五つほど。一つ目は、半端感について。一冊目を作った後、それから二冊目、今書いたばかりなわけなんですが、どうも半端感があったわけですよ。読んでもらっているような、もらえていないような。自分でやっておきながら、これじゃ、まだだ、こんなんじゃだめなんだ、こういう実践を書きたいんじゃないんだって、実際はもっと先に進んでいるじゃないかなどと思って二冊目を書いた。でも、デジタルも自分ができるようで何かできてない。悩んでいる子どもがいるのに教えられないとか、短歌も何か知っているようで、ちょっと分かってないぞ、というような何とも言われない半端感があったんです。

でも、今日、先生方のお話を聞いたことによって、いくつか分かったことがあり、その分かったことによってちょっともやもやの向こう側が見えてきた感じがしました。これはやはり、「他者との存在を意識した学習、授業は絶対続けていこう」と、再び実感できたことによります。そのために、自己と他者、子どもの作品を読むということの具体を考えなければならないことも学びました。

二つ目は、短歌の作品の学び方、どうやって学んでいったらいいだろうと思った時のこれからの自分なりの学び方のイメージが少し、具体的になりました。

三つ目は、短歌と俳句をどう指導仕分けようかと考えられたことです。子どもに指導する時に、先ほど話題になったことをもとに、新たにやってみようと思いました。

分かったことの四つ目は、五つの覚悟っていうのを絶対大切にしていこうと。見守る時、その子にとって納得のいく作品ができあがるのを待つ時、その一方で、その子自身はもっと良い作品を作りたいとレベルを上げたいと思っていることをくみって、手立てを考えるなど、特に大切にしていきたいと思いました。

最後に五つ目。明後日、大阪に行って、関西子どもの詩の会という研究会の月例会にお招きいただき、短歌の創作と歌会の授業を90分で行うことになっています。どうしようかといろいろ考えているのですが、今日、教えていただいたことや今まで行ってきた短歌創作と歌会の授業をもとにしながら、やはり「短歌って楽しいな」「こんな思いを短歌にできるんだ」ということを感じていただけるようがんばります。いただいた90分を来てくださった皆さんと新たな気持ちで作りたいと思います。

望月　いやあ、柳原さんらしいコメントでした。

柳原　本を作るということについて、昨日もいろいろお話いただいたし、今日も、ずっと、もう、ずうっと、子どもたちとの授業をどうやっていこうと、頭に渦巻いていて。そしてどのように書き、まとめたら自分が、伝えたいことが伝えられる本になるのかということをあらためてしっかり考えねばと思っています。本当に今日はありがとうございました。

（※座談会直後、先生方と対談させていただいたことをどのようにまとめれば、伝えたいことが伝えられるのか、身が震える思いでした。恐いとすら思いました。でも、先生方のご発言を一文字一文字起こしていくうちに、楽しさで震えました。なぜなら、文字となった言葉や事柄と、「学びの対話」ができたからです。

「確かに。」「本当にそうだろうか。」「なるほど、そういう考え方もあるか。」文字となった先生方と対話しているような気持ちになっていきました。そして、思ったのです。「私が伝えたいこと」だけがあるのではなく、「先生方の伝えたいこと」とともに伝えるのだということを。それぞれの頁に溢れている言葉や事柄と、読み手のみなさんが対話してくださることを願うということを――。冷静になれば、当たり前のことだったのかもしれませんが、のぼせ上がっていた自分を、文字に姿を変えた言葉一つ一つが、大事なことを教えてくれたと思ったのでした。）

授業っていうものは、ものすごくたくさんある可能性のうちの一つの可能性を選択せざるを得ない

望月　いやあ。昼間の時にちょっと言っていたんだけれども。（中身もてんこもりの）佳人四人に囲まれたらどうなるかって。いや、いい時間だったなと。（一同笑い）。ありがとうございます。幸せな時間だなと。で、この後多分、山田さんの方から解説書を渡してもらいます。皆さんに。

その中に、一つだけを申し上げておこうと思います。人間の行動にはいろんな方面から、いろんな選択があるわけで当たり前のことです。

柳原さんの今度の本（第二集）というのはどういう選択だったかというと、

（一同に資料配られる）

私の方でいえば、今配っていただいた、上から五枚目のものがあるんですけど。一応、教室の営みでいうと、教える人がいて、教授したり、学習したりという行為の中には、教授主体・教授学習材学習主体目標があるんです。これらの関係図を私はビューラー（[KARL BÜHLER, Sprachtheorie Die Darstellungsfunktion der Sprche〕という人の図から作り上げています。（第二集『続　小さな歌人たち』を参照して下さい。）

で、今回、柳原さんが行った方法ってのいうのは、限りなく学習主体に近づけるっていう方法、だから、他のところにも書いているんですけど、他の可能性は駄目だと言っているんじゃないいんです。

今回も、他のものは、すっ飛ばして、歌会にいっちゃうというこのやり方は、学習主体重視の方法ですよね。だから、そういう面で有効だとしても、他の作品の質とか、短歌の本質とか、教師の工夫・力量とか、そういうものの、可能性を否定するものじゃあない。そもそも、他の要素を単純に否定できるものじゃない。

だから授業っていうものは、ものすごくたくさんある可能性のうちの一つの可能性を選択せざるを得ない。その全部をやるってことはできない。一旦、ある可能性を選択したら、他の可能性については、止めて、その段階で止めて、そして具体的な行動をとらないと成立しない。で、今回は、今回のやり方は、限りなく学習主体に近づけてとった行動というふうに定位できるんじゃないかなと考えています。今、そんなような解説を書こうと思っています。

話をもとにもどすと、（中身、てんこもりの）佳人四人に囲まれて、いい時間だったなと。この後の懇親の時間もほんとはあった方がいいよなと思ったんですけど、さっき言ったような個人的事情で失礼しますけども。

もちろん、そういう後の時間があった方がいいよなという方が、人間としては幸せなことですよね。そう思いながら、私の方が一足先に失礼しますけども。

皆さんの方は、冒頭に申し上げました通り、この後記録がいきますから、それに、もう、原形がわかんなくなるだけの朱を入れてもらっていいですから。

改めて、色んな大変な時間の中で調整してくださいました。皆さんに感謝申し上げます。

一応、以上です。

（一同）ありがとうございました。

座談会を終えて

校正後記～「大幅訂正宣言」をしましたが、結果はいかがでしょうか。

望月　善次

先ず思い浮かぶことは、昨年の夏の酷暑である。その酷暑の中で、貴重な時間をやりくりしてくださった佳人四人と出版社の山田武秋・高田久美子両氏に感謝したい。沼田校長先生を初めとする花巻市立花巻小学校の方々の御厚意への感謝も、あの酷暑の一角を占めている。

学生時代に、評論家小林秀雄の講演を何度か聞いた。その話術の巧みさに魅了された。終電近い列車の接続部分で、放尿したなどという大胆な話などで聴衆を引き込むのである。その小林秀雄は言った。座談会の記録などがありますが、自分の場合は、元の原稿が分からない程手をいれますよと。

小林秀雄の座談会の記録なども圧倒的に面白いのだが「そうだったのか。」と納得した。少し理論的に言えば、実際の「座談」が、場を共有し、各論者の言葉のみではなく、仕草や表情などから成り立っているのに対し、座談会の記録は、そうしたものから離れての文章であるから、両者が異なるのは当然である。流石に、小林秀雄は、座談の言葉をそのまま文字に起こすような野暮なことはしなかったが、この両者の違いについては体得していたのであり、それだからこその「大幅訂正宣言」であったというのが私の感触である。

本座談の冒頭や最後に大幅の手入れをお願いしているのは、そうした思いをこめてのものである。

どのように「変身」してその姿を現すかが今から楽しみである。

既に記したところでも示している様に、筆者としては、この座談に入る前に、第二集の「解説」めいたものは、一応は提出していた。しかし、この座談全体については、それにこだわらない進行を試みた積りである。また、今回の纏めは、柳原千明氏の手によったから、太字にした部分などに柳原調が色濃く出ている。柳原以外の方々とは、この辺りも共に喜びたい。どう受け止められたかも興味のあるところである。

いずれにしても、本書によって、柳原短歌教育論三巻本は、その全貌を示したことになる。その壮挙をこのトンデモナイ座談の書に、全国大学国語教育学会などで、共に励まし合ってきた畏友大内善一氏（茨城大学名誉教授）の「解説」が得られることになった。近年の作文教育研究を牽引してきた氏の「解説」もまた楽しみである。

座談会を終えて

甲斐　利恵子

教員になってから長い間、私にとって短歌は鑑賞するものであって、創作するものではなかった。短歌の創作は専門性が必要で、短歌のことを知らないのに創作させるなんてという思いが強かったからだ。

ところが、ここ十年ぐらい前から短歌創作は私の強い味方になってくれている。私に専門性が身についてきたという話ではもちろんなくて、短歌そのものが持っている「力」「魅力」を確かなものとして実感できているということではないかと思う。

「短歌つくってみようか」と投げかけると、子どもたちは途端に「自分と向き合う」という難しい作業に取りかかっている。指を折りながら、深く自分の中に入り込み、生まれてきた感情や情景に真摯に向き合っている。

座談会でもお話ししたが、昨年度「オキナワ～声なき声を聴く～」という単元を行った。子どもたちに、自分のテーマに関する資料を読んだり調べたりして、生まれてきた思いや情景を短歌で表現してくださいと提示した。その日のノートには「自分事にしにくい題材だが、短歌にすると深く考えられる。」と感想を書いていた。子どもたちは遠い沖縄で、80年ほど前に起こった出来事にもかかわらず、当時の状況を自分の中に落とし込み、真剣に言葉を探していた。

今回の座談会では柳原先生が短歌の魅力や力を子どもたちと共有なさっている姿に力をいただいた。短歌は本当に子どもたちの学びを確かなものにするのだとあらためて思えた。柳原先生と共に実践を重ねていらっしゃる松澤先生の言葉は私自身の実践についても考えさせられることがいくつもあった。また、今回松平先生のご著書に触れることが出来たのは本当に幸いだった。人間と言葉、表現するという行為についてのお話も興味深く拝聴することができた。このような場を設定していただいた望月先生を始め、皆さんに感謝したい。座談会を終えて、ますます短歌の力や魅力を知ることができ、短歌を取り入れた授業をあれこれ考えている。

短歌という詩の生成する現場に身を置くこと

松平　盟子

子どもたちが短歌にどう親しみ、どう作ったら短歌という詩になるのか、その実践的な指南書として、柳原千明さんの『小さな歌人たち』を読んだ。教室という現場に身を置いて、子どもたちと距離の近さを活かした指導は、きっと楽しい発見が多かっただろうと想像する。真っ新な気持ちで指を折りながら、心に抱く思いを短歌という詩にまとめる。子どもたちの詩の生まれる場所で、新鮮な喜びや興奮を柳原さんは何度も味わったにちがいない。羨ましいことだ。

私は二十代前半から作歌を始め、その後、さまざまな機会に大人を対象として長く短歌の詠み方を伝えて現在に至る。短歌教室では「若い頃から万葉集を読むのが好きだったので」とか、「高校生時代の国語の授業で短歌を作った経験があり興味を持ち続けてきたので」とか、「短歌なら自分の日々の思いを残していけそうなので」、といった理由で実作に臨む人が多い。

ただ、実際に作り始めると、呑み込みの遅速、成長の度合い、伸びしろには個人差があり、誰もが同じというわけにはいかない。言葉に対する意識の持ちようや感性、リズム（律）を持つ詩であることへの親和性、言葉の理解力や語彙力、何度も言葉を練り直して一首に思いを託そうとする粘り、といった個人に内在する能力がおのずと作歌行為に反映する。

また、祖父母や親といった身近な人が短歌に親しんでいるかどうかも、その人にさまざまに影響する。歌集が書棚に並んでいる家庭に育てば、やはり子どもの頃から短歌は遠い存在ではないだろう。

柳原さんが子どもたちに与える「作歌の機会」は、子どもに短歌を楽しくて誰もが出来るのだとの自信をつけるだろう。それはそれで素敵なことだ。ただ、柳原さんはそこで満足していてはいけないと思う。近代現代の短歌の名作秀作をもっと貪婪に身に着け、歌人たちがなぜ優れた作品を生んだかの理由や環境を考え、人間としての歌人を知る。そんな全般的な知識を得ていただきたい。

そして柳原さんご自身が作歌経験を深めていただきたい。子どもたちはやがて大人になる。その過程でさらに栄養を与え続けるのが教師の役割と思うからだ。頑張ってください。

歌会のすすめ

松澤　春香

千明先生の歌会の授業を見て、「私もやりたい！」と思ったのが、私と短歌との出会いです。しかし、同じようにできるはずもなく、子どもたちに力をつけてあげられているのか不安になることが増えました。そんな時、一つの答えのようなものを教えてくれたのは、歌会で輝く子どもたちでした。

短歌を通して自分の心を開き、考えを伝える姿。作者が伏せられていることで、素直に相手の良さを伝えられ、そこで得られる互いの充実感。生まれる友達同士の関係。褒められて認められて嬉しくて「自分も誰かの短歌を！」と、つながっていく認め合いの輪。そこには、私が目指している学級経営がぎゅっとつまっていました。私は、国語科の枠を超えた、歌会の魅力と可能性に気づいたのです。そして、授業で歌会をやればやるほど、学級づくりにこんなに適した教材はないと思うようになりました。学校の授業で行う歌会の真の価値はここにあると思うのです。

座談会から半年後の二月。担任していた三年生最後の授業参観に私が選んだのは、やはり歌会でした。子どもたちが主体的に学び、互いの短歌を評価し合うその雰囲気をぜひおうちの方々に見てほしいと思ったからです。この一年で短歌作りに慣れた子どもたちの短歌は、共感する歌、笑える歌、感動する歌、いろいろでした。二十四人全員の短歌で歌会をして、授業が終わった後の学年懇談会で、二人の方が感想を発表してくださいました。

「学級の雰囲気がとてもいいと思いました。明らかに男の子が作ったと分かる短歌でも、女の子たちは茶化さずにいい所を見つけていて、しかも、それが本当に的確にみんな見つけ合っていてすごいなと思いました。このまま高学年になってくれればいいなと思いました。」

「どうしたらこんなに成長できるのか本当に不思議で。一年前には考えられない姿でした。きちんと子どもたちがお互いに認め合っていて、これだといじめもないなと思ったし、さらにクラス替えをして他のクラスに波及していけば素晴らしい学年になるんじゃないかなと思いました。」

　嬉しすぎる言葉でした。

　短歌はだれにでも易しい。教師にだって易しい。専門ではないからと難しく考える必要はなく、子どもが楽しく学べて、自然と子ども同士をつないでくれる教材となっている歌会だからこそ、構えすぎるのではなく、教師は後は、子どもたちをそっと後押しするだけでいいのではないか。そう、座談会を通して思うようになりました。

　ぜひ、千明先生の実践とともに、歌会を題材とした授業がさらに広がることを願っています。

解説

【解説】

授業は「地図のない山登り」のようなもの
～「歌会」詠み手と読み手の相互干渉・共振による〈学びの成立〉～

茨城大学名誉教授　大内　善一

一　標題の意味について

少し長い前置きから始めさせて頂こう。

今、私の手元に「ＮＨＫ Ｅテレ」（二〇一七年）で放映された「SWITCHインタビュー達人達」の録画がある。内容は、作曲家・ピアニスト・音楽プロデューサーの坂本龍一と分子生物学者・福岡伸一による対談である。私は、この二人の対談者に対して、発表されてきた音楽や著作物を通して少なからぬ関心を抱いてきた。この対談は予想通り、授業づくりの理論にとっても大変有益な示唆に富む極めて刺激的な内容であった。

冒頭、福岡伸一が生物学者の今西錦司の言葉を紹介している。今西は二千ほどの山を踏破したよく知られた登山家でもあった。

福岡が紹介した今西の言葉とは、「山に登るとその頂上からしか見えない景色がある」というものであった。これに対して、坂本龍一が自分の曲作りは山登りに似ているところがあると述べている。作曲では、「創り出してみないとどこがゴールか分からない、その山自体も分からないのです」と述べて、だから自分の曲作りは「地図のない山登り」のようなものなのだと語っていた。

福岡と坂本のこのやりとりを聞いていて、私は「ああ、これは授業そのものと同じではないか」と思ったのであった。これが、この解説の標題に「授業は『地図のない山登り』のようなもの」と掲げさせて頂いた理由である。

確かに、授業には一定の計画や学習指導案などが用意されている。しかし、ほとんどの授業は、予め用意されたこうした計画通りには進まないものである。学習者である子どもたちの反応を見ながら紆余曲折を経て最終の目的地点に辿り着くのが実際の授業の現実である。

やはり、授業は終始〈予測不可能性〉に支配されているのである。

なお、坂本は対談を行った年に『async』というアルバムを発表している。『async』とは「非同期」（同時に起こらない、同時に存在しない）という意味である。坂本の『async』というアルバム制作には、複製されることのない〈一回性〉の性格を有した音楽を追求するという意図が込められていたのである。

柳原千明教諭が小学校全学年の子どもたちを対象に行った「短歌創作指導」における子どもたちの短歌作りの行為にも坂本が考えていた〈一回性〉の営みに通じるものがあり、〈予測不可能性〉に満ちたものがあり、そこに辿り着くまでは見えない風景があり、その道のりはやはり「地図のない山登り」に喩えられる営みと言えると考えている。

併せて、副題に掲げた「相互干渉・共振」という用語についても解説しておこう。

順序が逆になるが「共振」の意味から解説しておこう。

先の坂本龍一と福岡伸一との対談の映像の中に、細い鉄の棒が五十本ほど林立している不思議な楽器が出てきた。この鉄の棒に触れると細かい震動が伝わって棒同士が共鳴し合い微かな音を立て始める。五十本ほどの細い鉄の棒が互いに共振・共鳴し合って多様な音声を作り上げるのである。

こうした「共振・共鳴」し合う状態は、まさしく柳原実践で取り入れられた「歌会」における〈短歌鑑賞→短歌創作→短歌鑑賞→短歌創作〉といったサイクルに重なっていると判断される。

このサイクルの中に、短歌の詠み手と短歌の鑑賞者である読み手との心の共振・共鳴が見られるのである。

次に、「相互干渉」の意味である。

私はかつて『「伝え合う力」を育てる双方向型作文学習の創造』（二〇〇一年三月、明治図書）という著作を出版している。この中で「『連詩』作りで双方向型作文学習」という実践を取り上げて考察を加えている。

この「連詩」作りという実践は、大岡信の『連詩の愉しみ』（一九九一年一月、岩波書店）という著作から触発されて構想されている。「連詩」とは、日本古来より行われてきた「連歌」「連句」という「座の文学」に端を発した「共同制作詩」のことである。

大岡信は、複数の作者が一堂に会して作る「連詩」という形式は、「参加者一人一人に対して、単に詩の創作者であるのみならず、同時に他者の詩に対する極めて親身で敏感な鑑賞者・批評者であることを要求」（三五頁）するという性格を有していると述べている。

要するに、大岡は、「連詩」創作上の意義に関して、その制作に関わる者が「詩の創作者」であると同時に「他者の詩に対する極めて親身で敏感な鑑賞者・批評者であることを要求」される点にあるのだと言うのである。そして、大岡は、こうした相互関係のことを「創造的相互干渉の関係」（三六頁）と規定している。

柳原実践における「歌会」では、直接クラスメイトの短歌作りに介入することではないので、その関わり合いには「創造的」という役割までを担わせることは期待しないでもよいだろう。やはり、短歌の「詠み手」（＝作り手）とその詠み手が作った短歌を鑑賞する「読み手」との相互干渉によって、お互いに次の短歌創作に向けた意欲喚起と創作の際の題材発見及び使用する言葉・表現に影響し合うという作用が生まれていると判断される。「歌会」におけるこうした関係を〈学びの成立〉とみなしてよいのではないかということである。

以上が、標題に掲げた「授業は『地図のない山登り』のようなもの」、副題に掲げた「相互干渉・共振」という用語の意味するところである。

さて、本書は、柳原千明教諭による「短歌創作指導」を巡っての座談会の記録である。座談会の司会者（座談会の企画者でもあろう。）は、岩手大学名誉教授・望月善次氏である。

座談会参加者は、花巻市立桜台小学校・柳原千明教諭、軽井沢風越学園・甲斐利恵子教諭、歌人・松平盟子氏、花巻市立花巻小学校・松澤春香教諭の四名である。

座談会を通して、柳原千明教諭の第一作『小さな歌人たち　短歌はだれにでも易しい』、第二作『続　小さな歌人たち　詠み手と読み手を育む歌会のすすめ』における短歌創作指導の意義を明らかにしようとする試みと考えられる。

そこで、以下、この解説もこの座談会の流れに沿って述べさせて頂くことにする。

二　柳原千明国語教室から生まれた「小さな歌人たち」

―第一作『小さな歌人たち 短歌はだれにでも易しい』（「博報賞功労賞」受賞作）―

柳原教諭の第一作『小さな歌人たち　短歌はだれにでも易しい』については、すでに次のような拙稿で解説・考察を加えている。

①「【書評】コロナ禍の中での優しい訪問者たち　―柳原千明『小さな歌人たち～短歌はだれにでも易しい～』―」（『国際啄木学会盛岡支部会報』第三〇号、二〇二二年三月、一三～一八頁）

②「小学校全学年での短歌づくりの授業　―『だれにでも易しい』短歌づくりの証明―」（大内

善一著『作文授業づくり・新生面の開拓～多様な作文ジャンルの活用と新題材の開発～』二〇二二年八月、溪水社、一〇六～一二七頁）

右の拙稿では、柳原教諭による「短歌創作指導」実践に関して詳細な考察を加え、その意義を高く評価している。なお、私はこの考察の中で柳原実践を作文指導の一環と判断している。短歌を作文ジャンルと見なしているのである。右の拙稿②の中では、この「短歌創作指導」のプロセスに沿って精細な考察を加え、小学校の一年生から六年生までの子どもたちが楽しみながら短歌を創作していく様子を明らかにしている。

こうした考察を通して、柳原実践が「短歌創作指導」の実践史において卓越した成果を残しているとの判断を下した。

そこで私は、柳原千明教諭を第五三回「博報賞」（二〇二二年度）の候補者として推薦させて頂いたのである。その際の〈推薦理由〉としては、概ね次のような諸点に言及している。

この〈推薦理由〉の中で特に強調した点は、柳原教諭の「短歌創作指導」が小学校の全学年にわたって行われていることである。小学一年生が「ルンルン」と短歌作りに取り組んでいたのである。このことは、短歌づくりが「だれにでも易しい」ということの証明ともなる。

柳原教諭は自ら短歌創作を行っている方ではないということにもふれておいた。このことも、短歌創作指導が誰にでも実践できるということの証明となると判断したのである。

柳原教諭の「短歌創作指導」の実践は、二〇〇四年から十八年間の長きに亘って継続的に行われてきたという点も強調した。まさしく「継続は力」である。この持続的な実践への取り組みは高く評価されるべきである。

実際の指導に際しては、音読・暗唱を通して五七五七七のリズムを身体で体得させ、短歌に親しみを感じさせる工夫を行っている。

指導に際しては、「身の回りの題材でつくった短歌を子どもに示してやる」ことから短歌に親しみを持たせるような工夫も行っている。

教材化に際しては、他者（岩手県出身の宮沢賢治や石川啄木）の「伝記的事実」を教材とし、題材の掘り起こしをさせるという趣向を取り入れている。他者の生活や人生の中から題材を取り出させるという方法によって、他者の生活や人生に子どもたち自身の生活実感や願いを投影させるという意図を含んだ趣向と判断した。

「作品鑑賞会」として「歌会」を行い、こどもたちに「またつくりたい」という意欲を持たせようとしている。

柳原教諭の「短歌創作指導」の実践は、短歌の定型に合う言葉を紡ぎ出させることを通して子どもたちの思考力を養い豊かな表現力を陶冶することに通じている。

こうした「短歌創作指導」の実践の成果は、教育雑誌や国語教育の全国大会などの場でしばしば発表されてきた。

そして、これらの成果の全体像は、氏の著作『小さな歌人たち～短歌はだれにでも易しい～』によって公にされている。

なお、この著作には、指導した全児童の短歌作品が取り上げられていて、こどもたちが伸び伸びと楽しく短歌作りに取り組んできた様子がうかがえるものとなっている。

柳原教諭の第一作は、氏の国語教室が生んだ「小さな歌人たち」の歌集ともなったのである。

今回の座談会の中で、この第一作について話題となっていたところをかいつまんでみておこう。

〈甲斐利恵子教諭〉

短歌は易しいとか言われても、やっぱりハードルは高いと思います。でも、やってみると柳原さんのおっしゃっていることが本当にそうなんだと思えます。この本を読みながら、そうそうと、何度もうなずきましたし、思わずつぶやいたことなどもありました。「自由に戯れる」や、「どの学年でもできる」と言う点でも大いに共感しました。小学校の子どもたちの、かわいい感覚もいいですが、中学生という思春期の子どもたちにも短歌はいい時間を与えてくれます。自分というものを徐々に客観視できるようになった人たちが自分の中にぐっと深く入っていく様子を見て、短歌という表現形式の力を感じています。（三五頁）

〔松澤春香教諭〕

先程、甲斐先生のお話にもあったように、高学年の子どもたちは短歌を作る時、ちょっと一見難しいかなと、子どもがかまえてしまうようなところがありました。けれども、今年、担任している三年生と短歌を作ってみて、三年生にはそんな感覚はあまりなかったんです。三年生は興味関心がとても強くて。やっぱり早くに短歌と出合わせて、短歌を教えていけたらいいなっていうのは、そこで感じました。三年生がこんなにも全てを吸収して楽しく短歌を作れるのならば、一年生ならもっと無限の可能性があるのかもしれないと思いました。（中略）

今、私が思っていることとしては、短歌を指導するというよりは、短歌を通して、子どもたちがお互いの良さを認め合うとか、良いところを見つけ合うとか、何かそういう様な目的で、私は短歌を捉えているんだということです。授業を構想していく中で、改めてそれを自覚し

ました。（三九〜四〇頁）

〔松平盟子氏〕

この本をいただいて、最初に思ったのは、柳原さんが短歌教育をどう考えているか、どう実践してきたか、という立場で一気呵成に書いた奮闘録、奮闘記録だということです。その奮闘ぶりに感心したのがまず第一でした。こんなふうに熱い心で子どもに接し、また短歌を作ることを促して実際に作らせてみると、こんなに楽しげに子どもたちが反応する。そして作歌も一回で終わらずに歌会まで行ってしまうという一つの流れをつくる。そういう手技、テクニックを獲得されたことが素晴らしいなとまず思いました。

一方で、この本は誰が、どんな立場の人が読者かを想定してお作りになったのかと戸惑いました。つまり、柳原さんの思いをどんな読者が受け止めるのか、想定されるどんな読者の顔を想像しながら本を作ってるのか、ということなんですよね。（四一〜四二頁）

右の引用箇所に語られている発言は、座談会参加者から柳原教諭の「短歌創作指導」に関する受け止め方が述べられている部分である。

三者共に、柳原実践に対しては、肯定的に共感を持って受け止めているところが読み取れる。松澤教諭の場合は、短歌指導が子どもたちの人間関係作りにも役立っていることに言及している。また、松平氏の場合は、歌人の立場から短歌のことをほとんど知らない教師たちが短歌作りをさせることの困難さについてふれている。

さらに、補足して甲斐教諭は「教師としての熱い思いですね。それと同時に、子どもが見える面白さ、子どもと内面で繋がっていく楽しさっていうか、教職の醍醐味みたいなものがビンビン伝わって」（四七頁）くる本であると評価している。

松澤教諭も甲斐教諭の言葉を受けて、「短歌というのは自分を見つめるいい機会で、いい手段、方法だな」と述べ、子どもたちが作る短歌には「小さいながらも、客観的に自分のことを見て書くような短歌もあれば、日記の延長のようなもの」もあり、「その行為自体が、いろいろな思考や能力を使っているなあ」（四八～四九頁）と言い添えている。

松平氏も先の発言を補足する形で、「教員で歌人」という「人たちとの横のネットワーク」を求めていって「問題意識を共有する必要」（五〇頁）があるのではないかと訴えている。

以上のやりとりには、柳原教諭の実践に対する小・中学校教師の立場からの肯定的な受け止め方と、歌人の立場から学校教育現場に対して広く学校外で行われている短歌創作の活動へも積極的に目を向けていくべきではないかとの提案がうかがえる。

三 「歌会」詠み手と読み手の相互干渉・共振による〈学びの成立〉
―第二作『続 小さな歌人たち 読み手が詠み手を育む歌会のすすめ』に沿って―

ここでは、柳原教諭の第二作『続 小さな歌人たち 読み手が詠み手を育む歌会のすすめ』に沿って解説を加えていこう。

なお、第二作では、第一作での実践にいくつかの修正が加えられている。この修正点には、柳原実践が日々子どもたちとの〈学び合い〉を通して進化している様子がうかがえてとても興味深い。

柳原実践の進化の眼目は、子どもたちの短歌創作をいかに最短で楽しく容易に進められるかにあった。その第一の方法は、短歌創作のための「下地作り」、つまり短歌の「韻律に慣れるための音読の時間」を短くすること、すなわち「短歌の底力」を信じて「作りながら慣れ」させることにしたのである。詳細については、第二作をお読み頂くことにしてここでは触れることを省かせて頂く。

第二作の中心は、副題に示されているように「歌会」にある。

なぜ、第二作では、「歌会」が中心に据えられたのか。その理由は、「短歌創作最短コース」がまさしく「歌会」の中にあったからである。

「歌会」を通じて子どもたちの短歌創作を最短で楽しく行わせることができる。そう確信したのが、第二作での柳原実践の最大の修正点だったのである。

第一作での「声に出して読んで、慣れてきたら、作って、作ったら互いの作品を鑑賞しあって、また作る、という積み重ね」を第二作では、「声に出して読んで、慣れてきたら、作って、作ったらすぐ歌会を通して互いの作品を鑑賞し合って、また作る、という積み重ね」（二八頁、傍点大内）と修正が加えられたのである。つまり、「短歌創作」と「歌会」とを相互に関係し合うものとしてセット化したのである。

この修正された「短歌創作最短コース」をみておこう。次のような流れとなる。

①子どもたちの短歌作品を提示する
（作品には番号をつけて提示。「〇番歌」のように言うことを知らせておく。五首程度がよい。

作者名はこの段階では知らせない。)

②作品を音読する。

③一番好きだ、いいなと思う一首を選び、投票カードに記入する。

④ワークシートには、選んだ短歌の番号と理由を書く。

⑤投票カードを集め、開票する。

⑥どの短歌のどんなところがいいか話し合ったり、発表し合ったりする。

⑦作者を紹介する。

⑧歌会の感想を書き、発表しあう。(二八~二九頁)

右に引用したコースからは、「短歌創作」と「歌会」とがセット化され、これら二つの活動を緊密に関係づけていることが理解される。

なお、右の「短歌創作最短コース」は、五〇頁からの「歌会の基本的な流れ」の中でも再度示されている。

「歌会」の参加者は、全員が短歌の「詠み手」(=創作者)であり、「読み手」(=鑑賞者)である。全員がお互いに自分以外の仲間が作った作品を読み合うのである。これが「詠み手」と「読み手」との間の〈相互干渉〉となる。

この〈相互干渉〉によって、どんな結果が生み出されたか。柳原教諭は、それを次のような「気づきの三分類」として述べている。項目だけを取り上げてみる。

一つ目は、他者の感想によって、自分の作品の良さに気づくこと。
二つ目は、他者の作品を読んで、その良さに気づくこと。
三つ目は、他者の作品を読んで気づかなかった良さを、他者の感想によって気づくこと。
（四四～四五頁）

この「気づきの三分類」には、私が冒頭の標題に関する説明の中で述べた「共振」という作用が働いている。「歌会」に参加している子どもたちの中に、他者の作品を詠むことで自分と他者の作品の良さに同時に気づいていくという作用が働いていくのである。しかも、この「共振」作用には、子どもたちの中で相互にお互いの思いや考えを〈強め合う〉という働きがあるとみなせる。

この「共振」という作用は、「歌会」参加者の全員が短歌の創作者であり鑑賞者であるからこそ生まれてくるものである。

柳原実践では、こうした「共振」作用を「歌会」の中で最大限に生かし、子どもたちの短歌創作を最短で楽しく行わせようとしたのである。

そして、この「共振」作用は、「歌会」における〈短歌鑑賞→短歌創作→短歌鑑賞→短歌創作〉といったサイクルの中でその効果を発揮していると理解されるのである。

このような、「短歌創作」と「歌会」とのセット化による二つの活動の〈相互干渉〉と、これら二つの活動を通しての〈短歌鑑賞→短歌創作→短歌鑑賞→短歌創作〉といったサイクルにおいて生み出される〈共振〉という作用によって、子どもたちの〈学びの成立〉が図られていると言えよう。

次に、第二作に報告されている柳原実践の中から、授業づくりに関して座談会の中でも話題となっていた二つの課題について考察を加えておこう。

1「放つ教育」としての「歌会」

本書の冒頭に柳原実践に関する座談会出席者五名（司会者も含めて）の基本的な受け止め方

が記されている。

これら五人の考え方の中で、次の考え方に第二作における柳原実践の進化の一端がうかがえるように思われる。

柳原千明

子どもが、自分が作った作品に納得しているのなら、それが、その子にとって、納得の作品なのだ。

甲斐利恵子

何もしないという覚悟、レベルを上げようと思わない覚悟、分かるようにと思わない覚悟、正解はないよという雰囲気をつくる覚悟、子どもたちの言葉に寄り添う覚悟、そういうことを意識して指導していたような気がします。

この甲斐利恵子教諭の考えは、座談会の第二場の中で、甲斐教諭自身の単元「オキナワ～声なき声を聴く～」で目指した「短歌を通して、オキナワの声なき声を聴いてみよう」（六五頁）

という指導の意図を支える心構えとして述べられたものである。

この甲斐教諭の指導に際しての心構えに関して、司会の望月氏が松澤春香教諭にコメントを求めている。

松澤教諭は、甲斐教諭の考えに共感しながらも、「何もしないってことは、何かをすることよりも、すごく難しい」し、子どもに対して「何か手を出したくなったり、助言をしたくなったりしている」ことがある。でも、「そこで満足している子どもたちには、何を言っても届かない」とも考える。「見守る」というのは「壮大な覚悟」(七四~七五頁)と思うと発言している。

また、柳原教諭は、甲斐教諭の考えには「反論の余地はないし、絶対にその通りだと思う」が、それは「いつかっていうことが大切かな」(七五頁)と問い掛けている。

この問い掛けに、甲斐教諭は次のように的確に答えている。

「『何もしない覚悟』というのは、放置することじゃない」のだと補足している。その上で子どもが「その子の今、感じていることに、あるいは今、言葉にしようとしていることに、こちらの意図とか、アドバイスのようなものは入れない方がいい」というのである。もちろん、「助けてと乞われれば応えますし、子どもとの対話の時間が減ったわけではありませんでした」(七六~七七頁)というのである。

甲斐教諭のこの発言には、柳原実践にとどまらず授業づくり一般からみても、極めて重要な示唆が含まれている。

かつて、文章心理学者で授業の心理学にも造詣の深かった波多野完治は、芦田恵之助の綴り方授業に触れる中で「放つ教育」（波多野著『授業の心理学』一九八七年一一月、小学館、一二八～一二九頁）の意義について大変興味深いことを述べている。

波多野は、芦田の教室における「児童観察」「児童への洞察」には「児童心理学にまさる深いものがあった」と指摘している。

波多野は、芦田がその著作『恵雨自伝』の中で語っている子どもの頃の思い出を取り上げている。芦田は、自分が子どもの頃に父母や学校から川遊びを強く禁じられていても、その禁を破って隠れて川遊びに行ってしまったというのである。

芦田は、この思い出を語りながら、子どもというものは「幼い時に水に親しまなければ、一生水をおそれます」と述べ、「子どもを育てる要は、徒に禁ずることではなくて、自分を保護する考えを高めること」、「山にも放ち、水にも放つことです」と表明している。

波多野は、芦田のこのような言葉を引用して、「子どもの自発性能動性を重んじて、自分でやらせてみる、そして、やれることについては『放って』これをやらせる」こと、これを「放つ教育」と呼ぶことができると述べている。

波多野は、「放つ教育」は「放任教育ではない」、「放しておいて、観察しているのである」と言う。そして、この「観察」という点が大切で、これがないと、「肝心のときに手だすけをしてやることができない」のだと言明している。だから、「放つ教育」は「手間のかかる教育」なのだというのである。

波多野の考え方は、松澤教諭が述べた「見守る」ということば、柳原教諭が問い掛けた「いつか」(=どの時点でか)という、指導の手を差し伸べるタイミングの問題、そして、甲斐教諭の「覚悟っていうのは、放置することじゃない」んで「見守る」ということなのだということ、それでもやはり「教えるチャンス」はあって、「そのタイミングを狙って、友達の作品で語り合う」ことなのだといった考え方にそのまま重なっていると理解することができよう。

柳原教諭は、先に引用しておいたように、「子どもが、自分が作った作品に納得しているのなら、それが、その子にとって、納得の作品なのだ」と表明している。

第二作の中で柳原教諭は、「子どもは思ったことを詠む―大人の作為は無用　いらないことはしない―」(二三二頁)と断言している。

柳原教諭のこの言葉には、「子どもが自ら作ろうとしている時にいらないことはしなくていい」という確信がうかがえる。この確信は、子どもたちが「もっと、上手く短歌を作れるのではないか」と考えて、「比喩、オノマトペ、対比、繰り返し」などの表現方法を教えようとして失敗した体験から得られている。この確信は、やはり指導の手を差し伸べるタイミングを外していたという自覚から得られたものと言ってよいだろう。

2「短歌創作指導」における〈スランプ〉という問題
―「子どもの詠みの分岐点」―

本書の座談会第二場の中に、柳原教諭が三年、四年、五年と三年間続けて担任した子どもたちのことが取り上げられている。

この子どもたちが五年生になった時に起こった出来事が次のように報告されている。

　その中の短歌大好き少年が五年生になって悩んだんです。自分の作品に納得できなくて、その子が、「いや、こうじゃない、これが自分のお気に入りじゃない」って言ったときに、私が、それでいいよと言っても、その子は納得しない。そういったとき、こういう作品もあるよって紹介できたらいいのにとか、こうしてみたらっていうことが言えない自分、他の作品をもっと知るべきなのに知らない自分、いいのか悪いのか、どこが差なのか、この子のもがきが分からないのは、私のもがきでもありました。そういうところを知りたい、そしてまた、今日は、そういうご批判などを先生方からいただいて学び、どれだけの授業ができるか、次の授業では先生方からいただけるたくさんのご批判を自分の新しいエネルギーに変えて授業したいと思っているのでした。

（六二一〜六二三頁）

柳原教諭の右の言葉には、それまでの氏の「短歌創作指導」が新たな次のステージに入ったことが示唆されている。

ここから理解されるのは、短歌創作指導―広くは、作文指導―の上における〈スランプ〉という問題である。こうした事態は、柳原教諭に限らずなかなか深刻な問題なのである。こうした事態を見過ごさないで誠実に対応しているところに、改めて柳原教諭の教育者としての優れた資質を再確認した次第である。

柳原教諭は、第二作の中でこの問題に触れて、「子どもの詠みの分岐点」（八〇〜八三頁）ということばで報告している。

柳原教諭が三年、四年と担任してきた子どもたちが五年生になったとき、それまでは「ルンルンばんばん」として「短歌を作ることに何のためらいもな」く、「どんな学習も『できない』と言ったりすることはなかった」子ども（＝「K・Rさん」）がある日から短歌を作れなくなったと訴えてきたというのである。

K・Rという子が三年生、四年生の時の歌会で提示した作品は、次のようなものである。

〈三年〉
注射する　いたいしいやだ　こわすぎる　いもうとが先　いもうとの次
ねる時に　いつもママには　大すきと　言っているから　ねる時は楽
〈四年〉
にひひひひ　こっそりおかし　食べちゃおう　やっぱりうまい　一人のおやつ
何書こう　ネタがきれそう　どうしよう　これが最後の　一首になるか

次は、この子が五年生の学年歌会に提出した作品である。

春よ来い　春になったら　グラウンド　練習デビュー　上手くなりたい

柳原教諭は、このK・Rという子どもが「この一首に時間をかけて、あちこち削ったり、直したりして作ったが、本人が納得するもの」にはならなかったのだと記している。

勿論、柳原教諭は、この子に対して励ましてやっているが、それももはや本人には通用しなかったとのことである。

柳原教諭は、このK・Rという子どもに顕れた事態を「『心情の吐露』にブレーキがかかる時期が来ると、短歌を作れなくなるのだ」とし、このような事態が生じるのは、「ちょうど第二次成長期と重なるのではないか」と推察している。

柳原教諭のこの推察は、さすがに大変鋭い指摘と言える。そして、氏が座談会において、この問題に対して参加者に率直に対応策を求めたことも、実践者としての優れた姿勢の顕れと言えよう。

さて、ここで柳原教諭がぶつかった問題について考えてみよう。

芦田恵之助に『綴方十二ヶ月』（一九一九年七月、育英書院）という児童向けの読み物がある。

内容は、里川老先生を中心に結成された「文章双葉会」において、春山、野中、大山、山川らの学習者が綴り方の学習会を行っていくというものである。学習会では、様々な文例や文話、学習帳、雑誌などが多角的に取り上げられていて、この本は、芦田によって書かれた唯一の子ども向けの読み物であり、「天下の奇書」とも呼ばれている。

この読み物の中に、里川老先生が子どもたちに向けて語った次のような一節がある。

坊等は綴ることの出来だした頃から、綴り方は面白いものだと思つたであらう。自分の思ふことを、たゞ思ふまゝに綴ることが、何といふ理由《わけ》はなくて、面白く感じたであらう。それが尋三の半頃か、尋四の初頃になつて、一時つまらなく思つたことはありはしなかつたか。こゝは誰でも一度は通過しなければならぬ関所のやうなもので、人によつては知らず知らずこの関を越えるものがあるし、中にはこゝが難関で苦しむものもある。容易《たやす》く越え得たものは幸運なものであるが、困難したものも、必ずしも不幸ではない。苦しめば、苦しむほど、文を味へることが深い道理だ。つまり身にしむ訳だ。（七〇頁）

老先生は、こう言って、尋二の文「がま」と尋四の文「靴掃除」とを比較して文章の発達というものがどのようなものであるかということを噛み砕いて説明している。

ここで、老先生は、文章の修練ということに関して「尋三から尋四の頃は、文章に関する最初の煩悶の時期」なのだと述べて、特にこの時期を乗り越えるための秘策を示しているわけではない。

文章心理学者の波多野完治は、「芦田恵之助の綴り方理論の心理学」（『綴方十二ヶ月』の意義と価値』一九七一年八月、文化評論出版）という論考の中で、右の老先生の言葉は「文章におけるスランプのこと」（二九頁）を問題にしているのだと指摘している。

そして、波多野は、芦田が老先生をして語らせた右の言葉から、この〈スランプ〉を切り抜ける方法として「自覚法」というものを取り出している。「苦しむ」こと自体の中にこの〈スランプ〉を切り抜ける秘策があるという訳である。

今日では、柳原教諭がぶつかった「子どもの詠みの分岐点」を克服する現実的な秘策にはなり得ないかもしれない。しかし、短歌の創作指導に限らず作文指導一般に立ち返ってみて、芦田が老先生をして語らしめたこの「自覚法」には、指導の心構えとして胸に止めておかなければならない要諦が潜んでいるように思われてならない。

ついでにみておくと、芦田恵之助には、「綴方教授の研究」（『教育研究』第五九号、一九〇九年二月、『芦田恵之助国語教育全集』第一巻に収録、一九八七年、明治図書、五七八～五八六頁）という論考がある。芦田は、この論考の中で児童の綴り方の発達段階を私案として措定している。この芦田の論考については、野地潤家が「綴り方の発達的段階に関する研究—芦田恵之助の場合—」（『野地潤家著作選集⑩芦田恵之助研究』一九九八年三月、明治図書）として考察を加えているので、詳細についてはこの論考に譲ることにしたい。

芦田の右の論考を紐解くと、綴り方の発達的段階は「準備期」「放胆期」「小心期」の三段階に分けられている。この発達的段階への命名がなかなか面白い。

なお、芦田がこの「発達的段階」説を唱えたのは、明治四二年のことである。この時期は、まだ形式的な作文教授がまかり通っていた時代である。こうした時期に、一人の小学校教師であった芦田がこのような「発達的段階」説を唱えることができたのは、彼が日々の実践の中で一人ひとりの子どもたちを周到に観察しその実態を深く洞察していたからであろうと推察される。芦田の慧眼に改めて敬服する次第である。

ここでは、これらの三段階について詳しく言及する余裕はない。ただ、柳原実践の「子どもの詠みの分岐点」に関係する「放胆期」と「小心期」との違いについてだけ、簡潔に触れておこう。

芦田は、「放胆期」を「尋常三四時代」として、この時期には「彼等の思想をそのままに文字の上に写し出すといふことを目的として綴らせるがよい。自由発表主義を十分に実行してよい」としている。ただ、「誤解してはならぬことは、自由発表主義といふと何の世話もいらぬ様に心得ることである」と、誤れる指導の実態が見られることに釘を刺している。

芦田は、この時期の指導の手立てとして、「放胆的模範文（＝「児童の想像に沿ふやうな、やや冗長に失する様な文章」）」を与えること、「上手に書くよりか、量に於て多いのを奨励するがよい」こと、「形はどうでもよいが、達意を主とすべきである」（五八四～五八五頁）といった留意点をあげている。

そして芦田は、「小心期」においては、「形式の上にも有意的に修辞上の法則をつかひ試みさせる等」、様々な課題が出てくるので、この時期には「教師の範文が大に効を奏する」（五八六頁）と指摘している。ここでは、芦田のこのような指摘に耳を傾けておきたいと思う。

柳原教諭が第二作『続　小さな歌人たち　読み手が詠み手を育む歌会のすすめ』と第三作の座談会記録『明日の「小さな歌人たち」を語る』で投げかけた「子どもの詠みの分岐点」とい

う問題は、「短歌創作指導」における発達段階からくる〈スランプ〉の克服という大きな課題を残している。

今後、実践を通して解明していかなければならない課題となろう。

四　今後の短歌教育への提言

座談会記録から、これからの短歌教育の在り方に関する方向を探ってみよう。

大きく二つの方向があろう。

一つは、「短歌創作指導」を国語科作文指導における「書くこと（作文）」そのものの教育に位置付けて思考力・表現力の陶冶を目指すことである。

もう一つは国語科という教科の枠を越えて、「短歌創作」を広く教育方法の一つとして活用し学級指導や道徳、人間関係づくりに活かしていくことである。

まず、前者の行き方からみていこう。

国語科における「短歌創作指導」に関して、最初に取り上げておかなければならない課題に「添削」という問題が横たわっているように思われる。

この「添削」に関しては、座談会の司会者の望月氏の方から、柳原教諭がこれを「否定するというより、飛び越え」ているという指摘が出ている。つまり、柳原教諭は、第一作において、「短歌カウンセリング」という方法で、子どもの作品を一緒に読んでやり、彼等の「言い分や悩み」を聞いてやって「子どもが納得する作品に清書する」という活動を取り入れているのである。

柳原教諭のこの「短歌カウンセリング」を通して子どもたちの短歌を「推敲」させるという方法に対して、甲斐教諭は、生徒が「どんな言葉がありますか」と言って、「自分から聞きに来るというときのタイミングで、コメントするということ」（八四頁）はあると表明している。

また、松澤教諭は、「子どもが作り始めたとき、何を言っても子どもは聞いていない」ので、「歌会の中で、お互いの作品の良さを見つけ合わせたり、隣の人の作品を見合って、交流させたりして、友達同士の気づきが、カウンセリングになる」（八四～八五頁）ようにして、「推敲」は子どもたちに任せているといった発言をしている。

なお、司会者の望月氏がこの「添削」の問題に関して、石川啄木や現代の歌人の柏崎恭二、都築省吾の三者において、三者三様の立場の違いがあることを解説している。これら三者の立場の違いとは、「添削全否定」、「添削全肯定」、そして「直して気に入らなかったら、自分で直す」ということである。

座談会での状況からすると、「短歌創作指導」における「添削」の問題は、今後の課題として残されているということになるであろう。

国語科作文指導としての「短歌創作指導」の発展としては、第二作のⅢ章に報告されている「リモート歌会」の活用ということが考えられよう。この方面に関しては、歌人の松平盟子氏が「タブレット機器などをどんどん使いこな」して「短歌に親しむ」（六八頁）という提案を行っている。松平氏は、さらに短歌に「音楽的要素」や「映像的要素」を加えていってはどうかという提案を行っている。必ずしも具体的な方法が示されているわけではないが、「詩にひそむ律の力」に気づかせたり、「美術や映像に詳しい先生」にも声をかけて、「画像や写真」を付けていくことなども提案している。『赤い鳥』が始めた「童謡」（六九〜七一頁）教育のようなものを想定していたのかもしれない。

『赤い鳥』は、大正七年に鈴木三重吉が主宰して発刊した児童文芸誌である。この雑誌では、全国の児童から投稿された数多くの綴り方作品の他に、北原白秋や西条八十らによって創られた「童謡」が数多く発表されている。これらの童謡に山田耕筰や成田為三らの作曲家が曲譜を付けて、一九一九年六月に「第一回赤い鳥音楽会」が開催されている。「かなりや」や「あわて床屋」などが演奏されて客席が満員になるほどの盛況となった。

ただ、「童謡」の選者をしていた北原白秋はこうした行き方に猛然と反発をしている。白秋には、「西洋式」の曲譜への反発があり、童謡は「自然に子供の歌ふがままにまかせるもの」(一九二〇年一月二三日の鈴木三重吉宛書簡)との主張があったのである。

現代では、石川啄木や若山牧水の短歌に歌曲の曲譜を付けたものなどを思い浮かべることができるだろう。

もう一方の、「短歌創作」を広く教育方法の一つとして活用していこうとする行き方に関しては、まず甲斐教諭が、「短歌そのもの」が持っている力について、「ある意味、教室の中では万能選手」というか、「なんかすごい言葉の力を培っていくツール」にもなり、「なんにでも使えるんですよね」と述べている。短歌には、「学級経営にも道徳にも作文にも」何にでも使えるという、「そういう可能性みたいなものも拡がっていく」性格があるのではないかと訴えている。また、松澤教諭も短歌には「短歌以上の価値がある」と感じていると述べ、「歌会という形式が、子どもを育てるのにすごくいいというか、学級経営、学級づくりの中」で、「お互いを認め合うという関係作りの手段」(九二頁)にもなっていくのではないかと主張している。

昭和二〇年代の末頃に、「日本作文の会」という民間教育団体が「生活綴方的教育方法」(詳しくは、拙著『戦後作文教育史研究』一九八四年六月、教育出版センター、『戦後作文・生活綴り方教育論争』一九九三年九月、明治図書、を参照して頂ければ幸いである。）というものを提唱した。「生活綴方的教育方法」とは、「生活綴方」を教育の一方法とみなして、書き綴ることを通して国語科の枠外に広く生活を育て人間を育てて行こうとする教育方法のことである。

甲斐教諭や松澤教諭が志向している考え方の中には、かつてのこの「生活綴方的教育方法」が志向していた行き方に通じるものがあるとみることができよう。

柳原教諭の第一作と第二作、及び第三作目となるこの座談会記録から、「短歌創作指導」にもいくつかの課題が浮かび上がってきた。

この座談会記録に繰り返し目を通しながら、改めて授業というものは「地図のない山登り」のようなものなのだなあとの感慨を深くした次第である。

なお、このことに関しては、最後に、第一節で取り上げた分子生物学者の福岡伸一に再び登場願おう。

福岡は、「世の中の人間の性向」を「マップラバー（map lover）とマップヘイター（map hater）」に二分類できるという。「マップラバー」は、名の通り「地図が大好き」人間、対する「マップヘイター」は、「自分の行きたいところに行くのに地図や案内板など全くたよりにしない」人間のことである。

「マップラバー」は、「鳥瞰的に世界を知ることが好き」な人間なのだ。その方が安心ができるのである。対して「マップヘイター」は、「世界の全体像なんか全然いらない」、「前後左右、自分との関係性だけで十分やっていける」のだ。「マップラバー」の方が「理知的」に見えるが、こちらは実は「方向オンチで、道に迷いやすい」し、「山で遭難するとしたらまずマップラバーのほう」なのだというのである。要するに「地図上で自分の位置が定位できないともう生きていけない」（福岡伸一著『世界は分けてもわからない』二〇〇九年七月、講談社、八八〜八九頁）人間なのだというのである。

これを授業に喩えてみれば、「マップ」はさしづめ「学習指導案」ということになろうか。授業では、学習指導案があれば指導の目的が達成できるのであろうか。そうではないだろう。授業は、いつでも〈予測不可能〉な状況におかれていて、進行方向は、指導者と学習者、そして学習者同士の相互干渉の下で決定されていくものである。

このように考えると、授業に臨む教師は、「マップラバー」であるよりも「マップヘイター」であるべきなのかもしれない。

柳原千明教諭の第一作と第二作、そして本書の座談会と三部作全体を読ませて頂く幸せに恵まれた。その喜びに浸っているうちに、思いがけなく呆れるほど長い解説となってしまった。読者諸兄には、どうかお許し願いたい。

柳原千明教諭の実践と、甲斐利恵子教諭、松平盟子氏、松澤春香教諭と本書の座談会をコーディネートされた望月善次氏に心よりの感謝を申し上げながら、この解説を締め括らせて頂きたい。

あとがきにかえて

座談会でも話題にさせていただいた二つのことについても、この項に書かせていただくことを予めお断り申し上げます。どうぞお許しください。

その一つ目は、関西子どもの詩の会八月例会で行った短歌創作と歌会の授業のこと。そして、二つ目は、花巻市立花巻小学校学校公開で行われた松澤春香教諭による歌会の授業のことです。どちらも、座談会後に行われ、八月は、まさに短歌に始まり、短歌に、いや、歌会の授業に締めくくられた私にとって最大級に幸せな月だったと言えます。短歌創作を中心とした実践的なつながりが広がっていくような希望的な気持ちが、朧気ながらも、微かな確かさを持って感じられたのです。

大阪　関西子どもの詩の会　短歌創作と歌会の授業

令和五年八月五日（土）、太成学院大学教授佐々木豊先生が中心会員として長きにわたって活動されてきていらっしゃる、関西子どもの詩の会（二〇二三年度八月例会）で短歌創作と歌会の授業を行わせていただきました。佐々木豊先生は、第五十二回博報賞功労賞の受賞者であり、同賞を翌年に柳原が受賞したことがご縁で、佐々木先生から御著書を頂き、学ばせていただいていたところ、お声がけいただいたのでした。

大阪で授業させていただける喜びとともに、不安もありました、当然ながら。どのような皆さんが、どれくらいお集まりになるのか、未知であったからです。しかし、短歌創作と歌会が、教室以外の場所で、どのように成立するのかを目の前で確かめられることに、恐いような期待が、それ以上にありました。そして、実際に確かめられたことは、佐々木豊先生にお声がけいただいたおかげです。心より感謝申し上げます。本当にありがとうございました。

拙書においては、授業で確かめたことを詳述できないことが残念なのですが、当日行った授業のレジュメとレジュメに沿ったまとめ、授業風景の写真を載せることに留めることをお許しいただきたいと思います。

令和五年度　関西こどもの詩の会
日時　令和五年八月五日（土）午後一時三十分～三時
場所　あべのハルカス・タワー館七階「街」ステーション

五七五七七　よんで　つくって　たのしんで
授業の流れ
その一　よむ　（10分）
①楽しい　五七五七七のリズム
②易しい　どんなことも五七五七七になる。
その二　つくる（25分）
①楽しい　言葉集め　みんなでするとなお楽しい。
②易しい　五七五七七はどんな言葉も受けとめる。
――のんびりごくごくタイム（10分）――
その三　歌会　（45分）
①作品を声に出して読む。

②お気に入りを選び、投票。
・用紙に番号を記入
・ワークシートに理由を短く書く。
③投票結果を知る。
④いいところを見つけ合う。
⑤作者を知る。
⑥歌会の感想を伝え合う。

会場に集まってくださった皆さんは、八名。小学二年生のお子さんとそのお母さん（大学の講師をなさっている方）、小学校の先生一名、関西子どもの詩の会の会員の方二名、広告を知っていらした方一名、教員をめざす大学生一名、佐々木豊先生（先生には申し訳なくもビデオ撮りをお願いしてしまいましたので、実質七名ということになります）。私を含めて、初めて出会った者同士、いわゆるなじみのない皆さんの集まりと言えました。場所はハルカス七階のフリースペース。ホワイトボードを用意してもらって行いました。時間は90分。先に示したレジュメに沿って、授業後に柳原が確かめた事柄を示します。

《その一　よむ》（10分）

短歌を知る、具体的には、どんなことでも、五七五七七になることを感じて頂くための活動。まず、子どもたちが作った五作品を提示（何年生かなど詳しい情報は言わずに提示）。提示した作品を声に出して読み、好きな作品を選び、なぜ選んだのかを対話する活動を行いました。声に出して読んだり、好きな作品を選んで対話したりすることで、場の空気が柔らかくなっていくのが感じられると同時に、子どもたちの作品から、どんな題材でも短歌になることを感じ取って頂けたように思われました。声に出すこと、好きな作品を選ぶことは短歌を知ることに大切な活動であるとあらためて思いました。教室で行う授業であれば、単元の冒頭もしくは、授業の冒頭に位置付く活動となるものです。

《その二　つくる》（25分）

五音七音の言葉集めは、短歌を作るときの手立て。短歌創作が初めて、もしくは、初めて会う複数の人たちで、短歌創作をする場合の手立ての一つになることをあらためて確かめることができました。参会の皆さまからの感想に、「短歌を作れるか心配だったけれど、集めた言葉を使うことができたので、作ることができた」といったご感想を複数いただきました。当初、この活動を入れるかどうか迷いました。短歌創作に慣れている人にとっては（子どもたちでもそうでしたが）、準備が長すぎてつまらない、早く一人で作りたいと思うこともあるからです。今回、お集まりの方にもそのように感じられた方もいらしたのかもしれませんが、人と人との空気がつながれた、より居心地の良い学習空間で短歌を作るには、言葉集めの活動は必要だったとあらためて思ったのでした。

《その三　歌会》（45分）

お互いの作品の良いところを見つけ合う活動。七人で行われた歌会は、教室のような賑やかさはではなく寧ろ、自分が花巻小学校で、初めて歌会をした時のようなうるわしさが感じられたのでした。特にも、良いところを見つけ合う活動で行われた皆さんの対話とご発言は、90分間の中で最も和やかに行われ、ことさらにうるわしく思われました。私は、あらためて歌会の力のひとつでもあろう、集団の空気を醸す力を見た思いがしたのでした。そして、教室で歌会を行うことをもっともっと薦めたい、薦めるべきだと思ったのでした。

大阪の地で、行わせて頂いた授業は、短歌創作と歌会について、自分にとって再認識の場となりました。この貴重な経験をさせてくださった佐々木豊先生に心から感謝申し上げます。本当にありがとうございました。

花巻小学校学校公開　歌会の授業

松澤春香先生がなさった歌会の授業は、全ての人にご覧いただきたい授業でした。この一言に尽きます。

それは、松澤先生が「歌会は学級づくりである」と明言するように、学級の人間関係作りと歌会を通した学びが見事に具現化されていたからに他なりません。三年生の子どもたちは、タブレットを駆使しながら、学級の友だちの全作品を読み、作品の良さを見つけ、対話し、話し合います。意見の違いをタブレットで色違いに提出して分かち合ったりしながら話し合ったりもすることもできる子どもたち。歌会終盤に、作品の加筆修正をしたり、さらには新しい作品を作って待ったりもすることもできる子どもたち。

ノートに記述することとタブレットに書くこともはっきりと分けて、どちらもぱっぱっと行い、学ぶ子どもたち。どの姿も鍛えられてきた心と学びが見て取れました。しかも、三年生のかわいらしさ満載の子どもたちでした。

歌会を客観的に見ることができたことによって、歌会が、教科書の「一単元」として位置づける一筋の道につながると思えたのでした。

先生方のお心に感謝して

望月善次先生、甲斐利恵子先生、松平盟子先生、そして、松澤春香先生とご一緒できたことに深く、深く感謝いたします。超ご多忙な先生方が貴重な時間をくださったこと、遠路はるばるお越しいただいたこと、この座談会のためにお骨折りくださったこと、感謝の気持ちでいっぱいです。こんなに幸せなことはありません。本当にありがとうございました。そして、短歌教育について、先生方のお話を伺い、今まで迷ったり、疑問に思ったりしたことを再考できたことは、さらなる幸せでした。先生方との短歌教育の時間を一冊にまとめられることは、この後の生涯において二度とないことであろうと思えば思うほど、ひたすらに幸せに思うのでした。本当にありがとうございました。

大内善一先生には、「解説」を書いていただきました。先生には、一冊目の『小さな歌人たち』にも、新刊紹介をしていただきました。先生にご推薦いただいた第五十三回博報賞では功労賞をいただくこともできました。そして、今回、三冊目の座談会『明日の「小さな歌人たち」を語る』に「解説」をいただきました。しかも、二冊目『続 小さな歌人たち─読み手が詠み手を育む歌会のすすめ─』の校正原稿も読んでくださった上で、解説をいただいたことに感謝の気持ちでいっぱいです。自分が直面した子どものスランプの問題について、固くからまってしまった糸をほどくように丁寧に丁寧にお教えくださり、また座談会での先生方の言葉まで一本一本の柱のように組み立て、建築物にするかのように価値づけてくださいました。先生が書いてくださった一頁一頁がこれから進む道を照らしてくださる、まさに道しるべとなりました。先生の一頁一頁をくり返し読むたびに、私の仕事の遅さや危うさを恥じるとともに、仕事の仕方、徹底して書くことの在り方をも学ばせていただきました。大内先生、本当にありがとうございました。

高橋圭子先生には、三巻ともすべての装丁をお願いしました。三冊目はさし絵もお願いする柳原のわがままも受け止めてくださり、多種多様にわたる描き方で美しき善きものを何枚も何枚も描いてくださいました。それらのすべてを載せられないこと、それゆえ、高橋先生の魅力のほんの少ししかお伝えできないこと、もどかしい限りです。高校でのご指導、地域でのイベント、美術教室でのご指導、個展の開催など超ご多忙の中、貴重なお時間をさいてくださいました。先生に描いていただけたことは本当に幸せでした。ありがとうございました。

『明日の「小さな歌人たち」を語る』を発刊に際しましては、桜出版山田武秋様に、ご尽力いただきました。思いばかりが先走る柳原に呆れることばかりだったのではないかと思いますが、それらを全て受け止め、一冊の書にしてくださったことに、感謝申し上げます。ありがとうございました。

最後に、お二人の先生に再び御礼を申し上げます。

まず、松澤春香先生。結局、お世話いただいたわけです、今回も。ご自身が新しい学校（花巻市立花巻小学校）に赴任され、職場を違えたというのに、さらには花巻小学校の学校公開を控えているさなかであるというのに、どんな本にするかも一緒に考え、お力を貸してくださいました。その上、この本のご自身の原稿も書いてくださり、文字起こしから数次にわたる校正のたび、いつもいっしょに検討してくださいました。二重三重の忙しさだったに違いありません。しかしながら、いつものように、的確に鋭く、柔らかく、物事をとらえ進めていく春香先生。本当に、ありがとうございました。

そして最後の最後に、望月善次先生に、再び御礼させてください。私は、自分の人生において、まさか三冊も本にまとめることがあろうなどと、考えたこともありませんでした。殊に、三冊目の座談会『明日の「小さな歌人たち」を語る』は、先生のご助言なしに生まれることはありませんでした。私は、ただただ「子どもたちと短歌」が生み出す、言わば、「教室のたからもの」に、驚き、喜び、「子どもたちと短歌」に学ばせてもらってきただけ、などと書けば、「今さら何をへりくだるか」と叱られそうですが、よくよく考えてみると、やはり、そうなのです。

実践には、価値付けが必要です。価値付けするためには、してみないことには始まらないわけなのですが、（先生は、「だから、まず、してみるということが、大事なんだよね」とおっしゃるとは思うのですが）そういった価値付けに、無頓着というか、無自覚というか、感覚的に何でもしてみようと思って、闇雲に、してしまう柳原のような人間には、先生の一言が次への一歩となってきたのです。しかも、闇雲な一歩から自覚して始める一歩になっていったと思います。と、このように書かせていただく一方で、自覚して始めるには、納得しないと始めない面倒くさいところが自分にはあるらしく、きっと先生は、（柳原さんは頑固だからねえ。）と密かに思っていらっしゃるにちがいないと思います。が、こういう、言わば、ある意味「困った」人間でも、先生はぴったりの時期に、ぴったりの言葉をくださいました。そして、この一冊が生まれました。望月先生には、ただひたすらに感謝の言葉あるのみです。この頁に、百万回「ありがとうございました」と記しても、足りないことを承知で、記します。望月善次先生、本当にありがとうございました。

いっしょに歩んだ子どもたちすべてのみなさんに

みなさんといっしょに学んだ日々があって三冊の本ができました。みなさんの学ぶ姿が拙い自分を励ましたり、叱ったり、見つめ直したりする大切なきっかけになりました。みなさんのすべてに感謝します。本当にありがとう。ありがとうございました。

みなさんが歩まれるそれぞれの道いっぱいに、たくさんの花まるが咲きますよう、ずうっとずっと願っています。

令和六年五月五日（日）快晴のこどもの日の朝に

柳原 千明

〈著者略歴〉

柳原 千明（やなぎはら　ちあき）

昭和 34 年　花巻市生まれ
昭和 57 年　獨協大学外国語学部英語学科卒業
平成 9 年　岩手大学大学院教育学研究科国語科教育学修了
紫波町立日詰小学校　浄法寺町立浄法寺小学校　盛岡市立桜城小学校　花巻市立花巻小学校など県内の公立小学校に勤務
令和 6 年　花巻市立桜台小学校勤務を最後に定年退職
現在花巻市内の公立小学校講師として勤務

〈所属〉

日本国語教育学会　全国大学国語教育学会　国際啄木学会　宮沢賢治学会などに所属

〈表彰〉

令和 4 年　第 53 回（2022 年度）博報賞功労賞受賞。
令和 4 年度岩手県教育長委員会教育長特別表彰受賞

〈著書〉

『小さな歌人たち ―― 短歌はだれにでも易しい――』（渓水社 2021）
『続　小さな歌人たち ――詠み手と読み手を育む歌会《かかい》のすすめ――』（桜出版 2024）

明日の「小さな歌人たち」を語る

二〇二四（令和六）年十二月二十五日　第一刷　発行

著　者　柳原千明
装　丁　高橋圭子
発行者　山田武秋
発行人　桜出版
岩手県紫波郡紫波町犬吹森字境一二二
電話（〇一九）六一三-二三四九
FAX（〇一九）六一三-二三六九
E-mail : sakuraco@leaf.ocn.ne.jp

ISBN978-4-903156-35-4 C3081